Mi Dios favorito

J. J. BENÍTEZ
MI DIOS FAVORITO

FOTOGRAFÍAS DE IVÁN BENÍTEZ

 Planeta

© J. J. Benítez, 2002
© Editorial Planeta, S. A., 2002
   Còrsega, 273-279, 08008 Barcelona (España)
Diseño de la sobrecubierta: Departamento de Diseño de Editorial Planeta
Ilustración de la sobrecubierta: © Iván Benítez
Ilustración del interior: EFE e Iván Benítez
Primera edición: setiembre de 2002
Depósito Legal: B. 24.423-2002
ISBN 84-08-04436-2
Composición: Foto Informàtica, S. A.
Impresión: S. A. de Litografía
Encuadernación: Eurobinder, S. A.
Printed in Spain - Impreso en España

A mi querido y admirado
Jesús de Nazaret, mi «Socio»,
que me mostró el camino
hacia mi Dios favorito.

Otra maravillosa «causalidad»

No lo esperaba...

Tras la publicación del primer *Caballo de Troya* (marzo de 1984) me he visto desbordado. Han sido centenares las cartas que han llegado hasta mi cuartel general, en «Ab-bā». Todas, como una sola y mágica voz, sugerían «algo» que —lo confieso— me fascinó: «Hable de Dios... Háblenos de su Jefe... ¿Cómo lo ve?... ¿Cómo es para usted?»

Y durante dieciocho años he ido guardando esos comentarios, mensajes y preguntas. Algunos, profundos. Otros, divertidos. Muy pocos, amenazadores. La mayoría, ingenuos y sinceros.

Sí, ha sido algo mágico. Cientos de peticiones gemelas, coincidentes. ¿Casualidad? Por supuesto que no...

Y muerto de miedo —¿qué sé en realidad del buen Dios?— he puesto manos a la obra. He ordenado y seleccionado las numerosas preguntas, he limpiado a fondo mesa y espíritu, he procedido al ritual de encender una humilde vela y, como es habitual cuando empiezo un libro, me he encomendado al Padre, suplicando «luz y fuerza para lograr un trabajo útil y digno».

Pues bien, he aquí lo que intuyo, lo poco que sé y lo que, en suma, ha ido «llegando» hasta mi corazón sobre el NÚMERO UNO, ese magnífico y amoroso Dios en el que creo y al que venero...

J. J. Benítez

Guadalupe. México D.F.
Todo cambia al descubrir que Dios es mi Padre.

NOMBRE	*Alan Haensgen*
ORIGEN	*Suecia*

1   *Me gustaría saber cómo imagina J. J. Benítez a Dios. Ojo, no el que aparece en sus libros. Me refiero al «suyo», al íntimo...*

Es el mismo, querido amigo. Jamás miento ni disimulo.

Desde hace algún tiempo, desde que Él abrió mis ojos, lo imagino como lo que es: como un Padre. Yo soy padre. Quizá usted también lo es. Sabe, por tanto, a qué me refiero. Un padre, sencillamente, ama. Y lo hace porque sí, sin esperar nada a cambio, sin doblez, como algo natural. Pues bien, si los padres terrenales sentimos así, ¿cómo lo hará el Gran Padre? No tengo palabras. Sólo puedo decirle que me siento abrazado por ese inmenso amor. Y lo percibo a cada instante. Entonces me siento bien. Reconfortado. Protegido. Confiado. Ilusionado...

NOMBRE	*Emilia Calvo*
ORIGEN	*Salamanca (España)*

 **Usted ha cambiado el rostro de Yavé. Y me gusta...**

No, amiga. Yo no. Fue Alguien mucho más importante: Jesús de Nazaret. Él se ocupó de ese importantísimo asunto. Él lo dejó muy claro. El verdadero Dios, el Padre, el Número Uno, el Gran Motor, no es un fiscal, ni tampoco un juez...

Durante siglos, los creyentes asociaron a Dios con la venganza y el castigo. Mi querido y admirado «Socio» —Jesús de Nazaret— se cansó de repetirlo: el Padre es AMOR. No lleva las cuentas. No escribe ni recuerda nuestros errores.

> Muro de las lamentaciones, Jerusalén.
· Somos nosotros quienes llevamos las cuentas, no Dios.

10

NOMBRE	Lucio Molina Peña
ORIGEN	Córdoba (España)

3   *Siempre imaginé a Dios con barbas blancas. ¿Cree usted que a Él le gustará?*

Estoy convencido de que Dios tiene una virtud especialmente sobresaliente: el sentido del humor. Y algo me dice que le encanta nuestra forma de imaginarlo. No importa cuál... Así que, tranquilo, imagínelo como guste o como le resulte más fácil o familiar. Seguramente acertará. Y le digo más: aunque no sea un Abuelo con barbas blancas, cuando usted llegue hasta Él puede que se presente como lo ha imaginado. No olvide que a Dios le encantan los disfraces...

<   Franja de Gaza, Palestina.
Sólo los niños se aproximan a la Verdad.

| | NOMBRE | *Elisa Weisse* |
| | ORIGEN | *Suiza* |

 **He leído que usted llama «Abuelo» a Dios. ¿Por qué?**

En estos años, una de las cosas más importantes que he apren-
dido respecto a Dios es que, además de amarlo y confiar en Él
con todas mis fuerzas, conviene gastarle bromas. Dios, querida
amiga, al menos «mi» Dios, no es un «cara de palo». Todo lo
contrario. Y le aseguro que responde con la misma moneda...
Lo de «Abuelo» fue una de esas bromas. Soy un pobre mortal y,
para mí, como un ser eterno que es, tiene la experiencia, la sabiduría y el calor «humano» (?) de un abuelo. Además de ado-
rarlo, lo siento como algo mío, algo muy familiar...

> Pamplona, Navarra.
  Las religiones han expulsado a Dios de nuestro círculo familiar.

14

Etiopía.
Dios está reñido con las distancias.

?	NOMBRE	*Wolfgang Aubán*
	ORIGEN	*Punta Arenas (Chile)*

5 **Cuando se dirige a Dios, ¿cómo lo hace? ¿Le tutea o le llama de usted?**

¿Cómo lo haría usted con un amigo de toda la vida? ¿Cómo trataría a su padre? Cuando converso con Él siempre lo tuteo. Es curioso, ahora que lo plantea, me doy cuenta de que jamás le llamo Dios. Eso está tan asumido que prescindo del título. Como mucho me dirijo a Él como «Jefe» o «Socio». Y que yo sepa, jamás le ha molestado.

	NOMBRE	*Pablo Ariño*
	ORIGEN	*Valencia (España)*

6   *¿Piensa usted que Dios se ríe?*

Siempre lo he creído así. Sobre todo de nuestras estupideces...
Por cierto, ¿ha caído en la cuenta de algo verdaderamente
triste? ¿Se ha percatado de que no existe una sola pintura en el
mundo en la que Dios aparezca muerto de la risa? ¿Por qué?
¿Por qué al Jefe se le representa siempre con cara de juez o
más serio que un poste de la luz?
Grave error, sí...
Una vez más, el hombre «hace a Dios a su imagen y semejanza».

> Bilbao, España.
> «Embotellamos» a Dios y nos quedamos tranquilos.

18

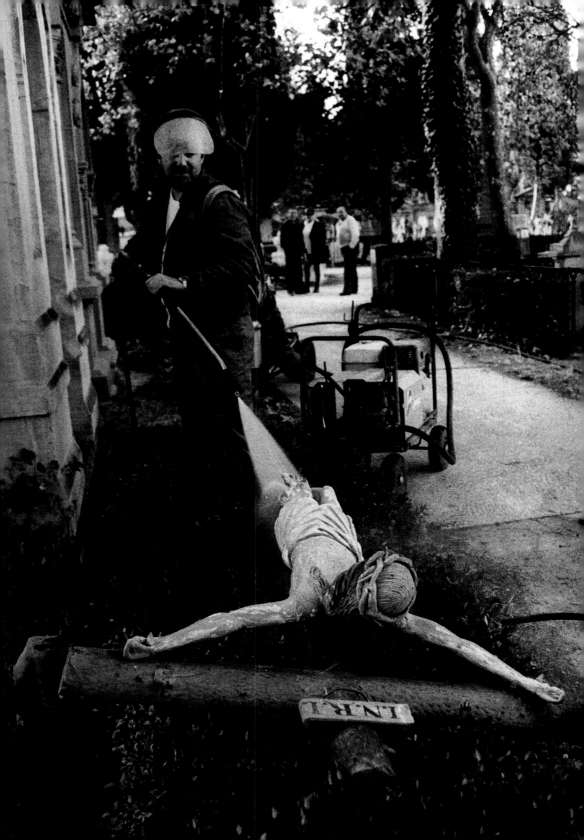

NOMBRE	Pablo Lorenzo Piazza
ORIGEN	San Juan (Puerto Rico)

7 **En su opinión, ¿cuál es la estupidez que más enfada al buen Dios?**

Para empezar, no creo que el Jefe se enfade jamás. Ésa es una debilidad humana. Y Él, aunque dispone de una Personalidad, no está sujeto a debilidad alguna.

Supongo que nuestras estupideces —casi infinitas—, sencillamente, le enternecen. Él sabe... Él, no lo olvide, nos ha creado en la imperfección... por algo. No creo que sea casualidad. En consecuencia, no eche mucha cuenta. Y no cometa estupideces. No por Él, sino por usted mismo...

< En cualquier lugar del mundo.
Somos tan primitivos que, incluso, fumigamos a los dioses.

NOMBRE	Rosario Beltrán López
ORIGEN	Béjar, Salamanca (España)

8 ***He leído en sus libros que Dios jamás se enfada. Pues Yavé se pasaba el día cabreado... ¿Usted lo entiende?***

Con todos mis respetos, Yavé no era Dios. Utilizó su nombre, sí, y estableció un culto y unas normas... para aquel pueblo y para aquel tiempo. Supongo que el Jefe tenía sus planes y lo consintió. Pero aquel Yavé —no son palabras mías— pasó. Y desde hace dos mil años, Dios es otra cosa. Dios, en efecto, no pasa a cuchillo a los niños... Dios, en efecto, no se encoleriza. Dios, en efecto, jamás prohíbe...

Jerusalén.
Yavé pasó a la historia. Pero sus seguidores no se han enterado.

Jerusalén.
La religión judía, como otras confesiones, sigue adorando a un dios «fósil».

NOMBRE	Ana Aparicio Mateos
ORIGEN	Alicante (España)

9 ***¿Por qué Yavé prohibió el marisco a los judíos?***

Hace 3 150 años, cuando Moisés sacó a las diferentes tribus beduinas de Egipto, no había frigoríficos. Es lógico que, para evitar problemas de salud, estableciera unas normas... sanitarias. Como puede suponer, en la península del Sinaí, con 50 y 60 grados Celsius, el marisco tenía que ser consumido en el momento de su captura. De lo contrario... Pero ¿cómo hacer entender a aquellas gentes? ¿Cómo explicarles? Y Yavé optó por lo más fácil y eficaz: «alimentos prohibidos», desde el punto de vista religioso. Lo increíble es que esa «prohibición» sigue en vigor para los judíos ortodoxos...

	NOMBRE	*Arturo Mateos Álvaro*
?	ORIGEN	*Alcalá de Henares, Madrid (España)*

10   *¿Fue Yavé un astronauta?*

Yavé, sin duda, fue un nombre. Un nombre que fue identificado con la Divinidad. Pero, para mí, detrás de ese nombre se hallaba todo un «equipo» de seres... al servicio de dicha Divinidad. Seres, muy probablemente, de carne y hueso que se desplazaban en vehículos: los carros de fuego y la célebre columna de humo que guiaba al pueblo elegido por el desierto... Sí, hoy podríamos decir que Yavé fue todo un grupo de «astronautas» trabajando para un fin. Salvando las distancias, algo parecido a lo que, en la actualidad, hacen nuestros misioneros. Ellos utilizan aviones, helicópteros, satélites de comunicaciones y antibióticos...

Jerusalén.
Yavé no fue lo que dicen.

Jerusalén.
El mundo judío vive con dos mil años de retraso.

| NOMBRE | Pedro Vicario |
| ORIGEN | Buenos Aires (Argentina) |

11 **¿Por qué Yavé no ha vuelto a presentarse jamás?**

Excelente pregunta, amigo...

Personalmente estoy convencido de algo: Yavé tuvo su momento. Sirvió para preparar el paisaje y el paisanaje para Alguien que tenía que aparecer en la Tierra: Jesús de Nazaret. A partir de ese momento, Yavé no volvió a dar señales de vida. Y nunca regresará... Pero los judíos no lo aceptan. Para ellos, Jesús sólo fue un profeta. Un profeta, por cierto, que les proporciona mucho dinero...

NOMBRE	*Tom Lima*
ORIGEN	*Texas (USA)*

12 **¿Qué opina de los Testigos de Jehová y de esas iglesias que toman la Biblia al pie de la letra?**

Sólo le daré una opinión personal y subjetiva. Yo, querido amigo, no tengo la verdad. Y, atención, puedo estar equivocado...

Pues bien, dicho esto, considero que esta actitud es anacrónica. Es decir, están viviendo y practicando una filosofía que pudo ser válida hace tres mil años. Algo parecido sucede también con los musulmanes y el Corán. Con todo mi respeto, el libro sagrado de millones de musulmanes fue escrito para una sociedad del siglo VII. El mundo evoluciona y demanda otros principios.

España, Argelia e Israel.
El hombre camina penosamente, sujeto a las cadenas de las religiones.

Axum. Etiopía.
La Biblia ayuda a caminar, sí, pero cojeando.

?	**NOMBRE**	*Dolores Herraer*
	ORIGEN	*Las Palmas, Canarias (España)*

13 **Usted ha afirmado públicamente que la Biblia no es la palabra de Dios. ¿Cómo se atreve? Usted es un blasfemo...**

Si así fuera, señora, le pido perdón. Como usted comprenderá, no es mi intención ofender a Dios y mucho menos a los que creen en lo que usted afirma. Sólo procuro pensar por mí mismo. Y al reflexionar sobre la Biblia compruebo que está plagada de errores. Por eso dudo de su carácter divino. Dios, estimada amiga, no comete fallos. La Biblia es una recopilación de leyendas —muchas de ellas con un claro contenido histórico—, escritas por la mano humana y en épocas muy diferentes. Somos nosotros —no Dios— quienes la consideramos sagrada. Pero, naturalmente, puedo estar equivocado...

	NOMBRE	Zulma Ahuir
	ORIGEN	Buenos Aires (Argentina)

14 **¿Por qué dice que Dios no ha leído la Biblia?**

Imagino que tiene cosas más importantes en las que ocuparse...
Y si la ha leído, sinceramente, se habrá llevado las manos a la
cabeza. ¿De verdad cree usted que el Jefe creó el mundo en
seis días? ¿Se ha tomado al pie de la letra lo de Eva? ¿Desde
cuándo Dios se arrepiente de haber creado al hombre? ¿Cree
en serio que hubo un diluvio? ¿Por qué el Padre iba a castigar a
toda la humanidad por el fallo de Adán y Eva? Si Adán y Eva
fueron los primeros seres humanos, ¿por qué Caín se retiró a la
«tierra de Nod»? ¿Quién era ese tal Nod?
Así podríamos seguir durante horas...

> Costa Rica.
> El ser humano es una obra divina de extraordinaria belleza y perfección.
> ¿Por qué iba a arrepentirse Dios de semejante triunfo?

NOMBRE	Charo Montero del Olmo
ORIGEN	San Fernando, Cádiz (España)

15 ¿Dios nos creó a su imagen y semejanza? Pues yo soy fea y gorda...

Que usted se considere fea no significa que lo sea... Todo depende de quien la mire.

Me parece que no ha comprendido. Dios no es un ser humano. No tiene cuerpo. Por tanto, difícilmente podría crearnos «a su imagen y semejanza», desde el punto de vista físico. Esa expresión —acertadísima— se refiere a otro tipo de semejanza. La auténtica. La que perdurará después de la muerte. Entiendo, querida amiga, que el Padre nos está diciendo que somos una parte de Él, que portamos una «chispa» divina. En definitiva: que también somos Dios. Estamos creados, por tanto, a «su imagen y semejanza divina».

<   África central.
Incluso en la deformidad brilla la luz divina.

NOMBRE   *John Álvarez Melicchio*

ORIGEN   *San Francisco (USA)*

16 **¿Por qué Yavé admite el divorcio en el Antiguo Testamento y Jesús no?**

Francamente, dudo de que Jesús de Nazaret estuviera en contra del divorcio. La famosa frase —«lo que Dios ha unido que no lo separe el hombre»— pudo ser una interpolación muy posterior. Como tantas... Incluso, si lo dijo, probablemente fue mal interpretado. Como tantas veces...

¿Y por qué pienso así? Muy simple: creo que han sido las iglesias las que han deformado el matrimonio, otorgándole un carácter sagrado que nunca tuvo. Muchas veces por intereses económicos o de servidumbre moral. El matrimonio, o la unión de una pareja, es un «contrato» entre dos partes. Sólo eso. Y los novios, los únicos testigos ante Dios (si así lo quieren establecer). No olvides que Jesús de Nazaret jamás entró en contradicción con Yavé...

San José, Costa Rica.
El matrimonio no es un asunto divino, sino humano.

Prepárese. Al «otro lado» le aguarda una sorpresa.

NOMBRE   *Sara Astete*

ORIGEN   *Monte Hermoso (Argentina)*

17   **¿Por qué Yavé dijo a Moisés que nadie podía verle y seguir viviendo? ¿Tan feo era?**

Felicidades por ese gran sentido del humor...

No, no creo que ésa fuera la razón. En el fondo, Yavé nos transmitió una gran verdad sobre la naturaleza del Padre. Supongo que el Jefe es una «luz» (?) tan indescriptible, tan intensa, que ningún mortal podría resistirla. Sólo después de la muerte, cuando alcancemos nuestra auténtica «forma» —la espiritual—, estaremos, quizá, en condición de verle cara a cara... y no morir. Un ejemplo: hoy por hoy, con este cuerpo, nadie puede aproximarse al Sol. Nos desintegraríamos.

NOMBRE	Pedro López Martín
ORIGEN	Madrid (España)

18 **Dios arrasó el mundo con el diluvio. ¿No le parece raro que se arrepintiera de haber creado al hombre?...**

¡Y tan raro! Como que no me lo creo... Lo más probable es que, en la antigüedad, se registrara una importante inundación (como tantas). Y los judíos —los que pusieron por escrito el Pentateuco— magnificaron el suceso, haciendo a Yavé responsable. Mi idea del Padre, amigo, no es ésa. El Jefe sabe muy bien lo que hace. Y jamás se arrepiente de nada. Si lo hiciera tendríamos que reconocer que es limitado y que se equivoca. La Biblia, como ves, reduce al Gran Dios a un ser muy poco fiable... Y te diré más: estoy seguro de que el Padre se siente muy orgulloso de nosotros. Somos lo más pequeño y, al mismo tiempo, lo más grande de la Creación.

> Lago Tana. Etiopía.
> Siempre lo más grande gira y depende de lo más pequeño.

En cualquier lugar del mundo.
El misterio de los misterios: una «chispa» divina en cada ser humano.

NOMBRE Ciro Lanzillotta

ORIGEN Rosario (Argentina)

19 *Desde Moisés han pasado más de tres mil años. ¿Por qué Dios no nos visita con más frecuencia? ¿Es que le pilla muy lejos?*

Supongo que el Paraíso —donde el Jefe tiene su «casa»— no queda, precisamente, a la vuelta de la esquina...

Bromas aparte, entiendo que te falta información. El Jefe no es un turista. Él nos «visita» de forma permanente. Y lo hace —entiendo yo— gracias a cada uno de nosotros. Él se «desprende» (?) —las palabras se me caen— de trillones de fragmentos de su propia esencia y se «instala» en cada ser humano. A eso lo llamo la «chispa» divina. Pues bien, merced a ese profundo misterio, Él sabe. Él está al día. Él te «visita». Por eso eres un templo.

?	NOMBRE	*Dolores Montero López*
	ORIGEN	*Castilblanco de los Arroyos, Sevilla (España)*

20 ¿De dónde saca tanta información?

Tengo un secreto...

Un día aprendí, al fin, que a Dios no hay que pedirle nada material. ¡Nada! Él es, sobre todo, AMOR (con mayúsculas). Y Él sabe lo que precisamos antes de que abramos los labios. Ésa es otra de sus maravillosas «virtudes». Al Jefe sólo hay que pedirle INFORMACIÓN. RESPUESTAS. Ése es mi secreto. Y puedo garantizarle que siempre responde. Haga la prueba.

«Ab-bã», Barbate, España.
Mi secreto: no pedir.

África central.
El mundo cambiará el día que no pidamos cosas materiales.

NOMBRE	Nelson Germán Guerrieri
ORIGEN	Santa Fe (Argentina)

21 **Jesús dijo: «Pedid y se os dará.» Usted, en cambio, dice que pedir a Dios es una pérdida de tiempo. Usted es un provocador...**

¡Ojalá! ¡Ojalá mis palabras le hagan dudar! ¡Ojalá le ayuden a pensar por sí mismo!

Y siento no estar de acuerdo con su planteamiento. Dicen que Jesús de Nazaret, en efecto, dijo eso. Y también dicen que dijo que no nos preocupáramos por el comer y el vestir, de la misma forma que los pájaros no siembran ni cosechan...

¿En qué quedamos? ¿Debemos pedir o comportarnos como los lirios? Sé muy bien que el Maestro jamás se contradecía. Por tanto, difícilmente pudo decir «pedid y se os dará». Ahí falta algo. Esa frase, creo, fue manipulada. Es posible que Jesús dijera en realidad: «Pedid *respuestas* y se os darán...» En otra ocasión afirmó algo que, entiendo, me da la razón: «Buscad el reino de Dios y el resto se os dará por añadidura.»

NOMBRE	Matías Arboleda
ORIGEN	Caracas (Venezuela)

 22 *Usted habla de una «chispa» divina que nos habita. Yo soy negro. ¿Cómo es mi «chispa»: negra o blanca?*

Usted, además de negro, es un cómico...

¿De qué color es la luz? ¿Negra o blanca? En realidad, de ningún color...

No confunda, amigo, al Gran Creador con nuestras torpes ideas y sentimientos. Si todos —físicamente— somos hijos del Padre, ¿qué importa el color de la piel, la estatura o el sexo? La «chispa» divina que lo habita es un Dios. Sáquele partido. No agarre el rábano por las hojas... Le apuesto doble contra sencillo a que, cuando «pase al otro lado», su pregunta le hará llorar... de la risa.

Mali.
Parece increíble, pero Dios parpadea en cada corazón.

Desierto de Atacama, Chile.
Él no pregunta. Él llega.

| NOMBRE | Luisa Fernanda Cortés |
| ORIGEN | Maracaibo (Venezuela) |

23 **No comprendo bien lo de la «chispa» divina...**

Es lógico. Se trata de un profundo misterio. Una «exclusiva» del Jefe. Probablemente ni los ángeles están en el secreto.

Yo lo interpreto así: se trataría de un maravilloso «regalo» del Padre. Algo gratuito. Algo así como una fracción pequeñísima —pero gigantesca— de la esencia divina. Algo que llega sin pedirlo. Una especie de «consejero», un «guía» silencioso, un «arquitecto» del pensamiento, un «imán» que nos atrae hacia Él (queramos o no). Justamente, lo que nos distingue del resto de la Creación. El «sello» de un Dios en el corazón humano.

Por eso lo buscamos...

NOMBRE	Ana María da Silva
ORIGEN	Lisboa (Portugal)

24 **Usted ha escrito que Dios nos regala la inmortalidad, hagamos lo que hagamos. La Iglesia no dice eso...**

Porque las iglesias —todas— tienen muy poco que ver con Dios. Al menos con mi Dios favorito...

Créame. El Padre es tan amoroso que no pone condicionamientos. Ser bueno y honesto es una exigencia natural. Él no lleva las cuentas. Eso es cosa nuestra. Él, sencillamente, nos imagina y aparecemos. Y lo hacemos con un «pasaporte» de inmortalidad bajo el brazo. Eso, querida amiga, sí es un Padre. Eso sí es un Dios. Un Dios de lujo... ¡Usted es inmortal! ¡VIVIRÁ siempre! ¡Usted es hija de un Dios! No pregunte. Dios es así...

>   Selva de Costa Rica.
> La inmortalidad no es un premio. Es parte de la herencia divina.

Brasil.
El problema del ser humano es que todavía no ha abierto los ojos.

56

| NOMBRE | *Luis Gonzalo Lachar* |
| ORIGEN | *Patagonia (Argentina)* |

25 **Somos trillones y trillones de criaturas en la Creación. ¿Cómo puede Dios saber mi nombre de pila?**

Querido amigo, ¿cómo voy a saberlo? La presencia del Padre en cada uno de nosotros —la famosa «chispa»— debe de ser uno de los misterios mejor guardados. Supongo que Él, y unos pocos, están en el secreto. El resto, ni idea. De todas formas, si Él nos habita, el asunto no es muy complicado. Él te llama por tu nombre y te conoce al milímetro.

¿Te das cuenta de lo que estoy planteando? Llevamos al Jefe en el interior y, sin embargo, seguimos comportándonos como auténticos burros de carga (con mis disculpas a los burros de carga).

26 **¿Por qué dice usted que todos somos <u>físicamente</u> hermanos?**

Dios nos imagina... y aparecemos. Somos, por tanto, sus hijos. Somos, por tanto, hermanos..., físicamente. Procedemos de la esencia divina. Ésa es nuestra verdadera «forma». El cuerpo es tan sólo un accidente temporal. Un «traje» que nos ha tocado en suerte. Cuando pase al «otro lado» y compruebe cuál es su verdadera «forma» —la espiritual— se dará cuenta. Ahora, lamentablemente, sólo nos fijamos en los «trajes»...

> Andes peruanos.
> Somos tan jóvenes e inexpertos que sólo reparamos en el «exterior».

Los animales son
compañeros de viaje.
Pero descienden en
la primera estación.

	NOMBRE	Omar Emilio Böhmer
	ORIGEN	San José (Costa Rica)

27 **¿Cree que los animales poseen también la «chispa» divina?**

Negativo. Si así fuera, sentirían la necesidad de buscar a Dios. Se harían preguntas. Su pensamiento, su mente, en definitiva, estaría estructurado de otra manera. Como sabe, los animales no tienen conciencia de sí mismos. Al menos no como nosotros. La «chispa» o «llama» divina —así lo creo— es un «regalo» del Jefe a los seres humanos. Por eso, el hombre —irremediable-mente— tiende hacia la trascendentalidad. ¿Sabe de algún atún, caimán o gorila que se arrodille y adore al buen Dios?

NOMBRE   *Adolfo Valdivia Esteban*

ORIGEN   *Montegicar, Granada (España)*

28 **¿Qué opina? ¿Algún día, la mariposa se convertirá en hombre y, a su vez, en Dios?**

Es una bella posibilidad. Pero, de momento, no lo sé. Dios, sobre todo, es imaginación. ¡Quién sabe...! De lo que no tengo la menor duda es de que todo, en la Creación, obedece a un sentido, aunque no lo comprendamos (por ahora). La mariposa, el hombre, la luz, la fuerza de las mareas o la oscuridad son un todo. Una magnífica energía que se compenetra y que jamás desaparece. En ese sentido, por supuesto, la belleza de la mariposa también viajará conmigo durante toda la eternidad. Y su imagen y su fuerza serán parte de un Dios...

En cualquier lugar del mundo.
Dios no utiliza su poder. Le basta con imaginar.

Caribe.
Los recuerdos son más intensos que la realidad.

NOMBRE	Graciela Horne
ORIGEN	Bad-Dürrheim (Alemania)

29 **Tengo un perro al que sólo le falta hablar. Salvó a mi hija de morir ahogada. ¿Estará en el cielo con nosotros?**

Gran dilema, querida amiga...

Yo también tengo perros. Pues bien, cuando murió *Thor,* mi querido pastor alemán, me dirigí al Jefe y le hice, más o menos, la misma pregunta. La respuesta fue negativa. De todas formas, siempre queda un consuelo: servidor está un poco sordo...

?	**NOMBRE**	*Giachino Andrade*
	ORIGEN	*Brasília (Brasil)*

30 **¿Por qué los animales no rezan?**

En mi opinión porque no son seres racionales (a veces). Lo he comentado en otras oportunidades. Ellos no se reconocen frente a un espejo. No saben quiénes son en realidad. Su misión, en el mundo, es otra. Su alma —digámoslo así— no ha sido diseñada para buscar la perfección. En consecuencia no son inmortales, tal y como yo concibo ese inmenso «regalo» del Creador.

Puerto de la Cruz, Tenerife.
Todo obedece a un orden prodigioso. Incluso lo que no comprendemos.

Desierto de Libia.
Dios trabaja, sí, pero no practica el pluriempleo.

| NOMBRE | Blanca Patricia Brandt |
| ORIGEN | Guatemala |

31 ¿Dios actúa directamente o cree que delega?

Siempre he creído que Dios, sobre todo, es económico. Y pienso que delega siempre, salvo en un par de «negocios». A saber: en el sostenimiento de la Creación y en el otorgamiento de la «chispa» divina a cada uno de sus hijos del tiempo y del espacio (las criaturas mortales).

Él es el «motor» o la «fuente» que lo sostiene todo. Y Él es el Padre (el AMOR).

Del resto —creo— se ocupan los otros Dioses...

?

NOMBRE	Víctor Manuel Roldán
ORIGEN	Chihuahua (México)

32 ¿Ha pensado usted si en los cielos hay también burocracia?

Todavía soy humano, querido amigo... Pero, por lo que sé, y lo que intuyo, mucho me temo que sí.

De todas formas no se desanime. Supongo que esa «burocracia» no utiliza el «vuelva usted mañana» de Larra. Además, presiento que, en ese lugar, los sindicatos no están autorizados...

Mar de Tiberíades, Israel.
El cielo, tal y como lo concebimos, es una burda caricatura.

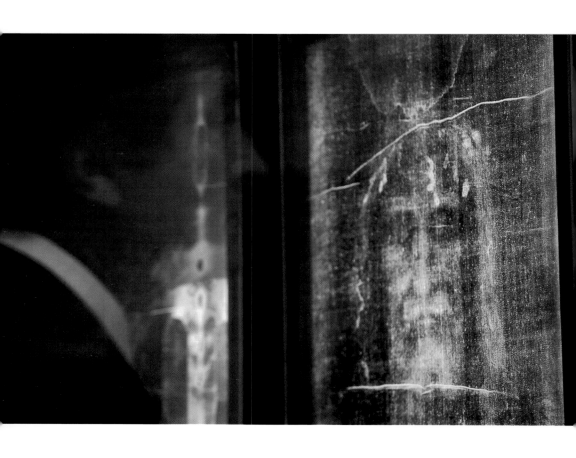

Turín, Italia.
Ni la fe ni la ciencia nos permiten «tocar» a Dios.
Ésa es una facultad exclusiva de los sentimientos.

| NOMBRE | Antonio Ruiz Poxo |
| ORIGEN | La Coruña (España) |

33 **_Soy ateo. Demuéstreme que Dios existe..._**

Ni puedo, ni debo, ni quiero...

Nadie, estimado amigo, está en condición de demostrar la existencia de Dios. Y le diré algo más: ni siquiera la ciencia podrá lograrlo jamás. Dios no está sujeto al método científico. Dios es inmaterial. Por tanto, ¿cómo hacer tangible lo que, por definición, es intangible? El propio concepto de ateísmo está viciado. Desde un punto de vista puramente racional, creer en lo que no se ve es un absurdo. En mi opinión, Dios no debe ser objeto de creencia, sino de sentimiento. Uno se aproxima a Él porque lo siente. Al menos aquí, en la Tierra. Y no olvide aquel sabio precepto: La Verdad precisa de pocos argumentos...

NOMBRE	Ramón Izquierdo Alcoholado
ORIGEN	Nueva York (USA)

34 **Dios es justo. Usted siembra la duda. Usted está condenado al infierno. ¡Blasfemo!**

Si usted lo dice...

Vayamos por partes. ¿Cree en verdad que Dios es justo? Para mí no. Dios no es justo porque no necesita de la justicia. Dios, querido amigo, es AMOR. Y donde hay AMOR... la justicia sobra. La justicia es un invento humano, creado y utilizado porque todavía no sabemos AMAR.

¿Siembro la duda? Sí. ¿Sabe usted de algo más peligroso que la posesión de la verdad? Siembro la duda, sí, porque entiendo que ése es el estado natural del hombre. ¿Quién tiene la verdad? ¿No es más bello y eficaz que el hombre piense por sí mismo? ¿No es más noble que la Humanidad progrese merced a su propia reflexión? Dios es tan tolerante que permite que usted piense así.

En cuanto a lo del infierno, ¿cree usted que al Jefe —el AMOR absoluto— se le ha podido pasar siquiera por la cabeza?

Si esto es blasfemia, servidor es la Claudia Schiffer...

Desierto de Argelia.
Sólo la duda permite avanzar.

Washington, Estados Unidos.
El mal no es lo que parece. Muy pocos saben que vivimos en un mundo «experimental».

NOMBRE · María Sánchez Pedroche

ORIGEN · Huelva (España)

35 **Si Dios es todo amor, ¿por qué consiente el mal?**

Permítame que responda con otra pregunta: ¿Consiente Dios la lluvia? El mal está ahí (yo prefiero la palabra error). Eso es evidente. Pero no olvide que vivimos en un mundo imperfecto. Un mundo «inicial», concebido así para que las criaturas mortales experimenten lo positivo y lo negativo. Querida amiga, nada es azar. Usted, si tiene hijos, sabe que, en ocasiones, se presenta el dolor y el error. Y ellos aprenden. ¿Es que usted consiente ese mal? Por supuesto que no. Sencillamente, forma parte del juego de la vida. Ahora somos mortales y ésa es la ley: experimentarlo todo. El amor, aunque ahora no lo comprendamos, no es sólo azúcar...

Además, si lo analiza atentamente, comprobará que lo malo siempre sucede... por algo bueno.

NOMBRE *Agnes Villalobo*

ORIGEN *Rosario (Argentina)*

36 *En su libro* **Al fin libre** *usted dice que somos «voluntarios» en este planeta. No entiendo...*

Sólo es una hipótesis de trabajo... ¡Ojalá tuviera la certeza absoluta! Y ruego al Jefe, cada día, para que confirme mi sospecha... La teoría, en efecto, es ésa: quizá, en lo que llamo «momento cero» (?), en el instante de ser imaginados por Dios, se nos ofrece la posibilidad de elegir nuestra primera «residencia» como criaturas de carne y hueso. Mundos «dulces», sin excesivos padecimientos, o mundos «extremos», como el nuestro. Y elegimos. En otras palabras: nos presentamos «voluntarios» para VIVIR las más variadas y difíciles experiencias. Experiencias únicas, enriquecedoras...

Si esto fuera así, la hermosa y, al mismo tiempo, dura frase de Jesús de Nazaret cobra un nuevo sentido: «Ama también a tu enemigo...» Y digo que adquiere un nuevo sentido porque el malvado también sería un «voluntario».

Desierto líbico.
Mundo «extremo» = experiencias «extremas».

África central.
Ciego, pobre y negro. Una «elección» heroica.

NOMBRE *María Raquel López de la Mora*

ORIGEN *Medellín (Colombia)*

37 **Si su teoría de los «voluntarios» fuera cierta, ¿significaría eso que elegimos nuestro destino? ¿Dónde queda entonces la libertad?**

Dice usted bien: si fuera cierta... No me canso de repetir que sólo es una sospecha. Pues bien, aceptando que sea correcta, el Destino (a mí me gusta con mayúscula) quedaría previamente trazado. Dibujado por nosotros mismos. Y hasta en los más pequeños detalles. Todo habría sido minuciosa y rigurosamente programado. Naturalmente, al nacer, esa «operación» quedaría borrada y olvidada.

¿Libertad? Siento decirle que no creo en ese hermoso sueño. Libertad = Información. Y dígame: ¿quién tiene toda la Información? Nadie. Al menos en esta vida... Usted puede creer que es libre porque, aparentemente, es capaz de elegir esto o aquello. Pero si fue programado desde el principio, ¿dónde está la libertad? En todo caso, esa libertad se daría en lo que llamo el «momento cero»: el instante inicial, en el que usted decide el tipo de vida que desea y lo «firma».

NOMBRE	Martha Lladó
ORIGEN	Principado de Andorra

38 **Tengo un hijo con parálisis cerebral. ¿Qué opina: debo bendecir o maldecir a su Dios?**

Mírelo, si quiere, desde este punto de vista: si usted y su hijo son «voluntarios», usted es una heroína y su hijo, un súper héroe. Si la teoría de los «voluntarios» fuera cierta, su hijo ha elegido una de las experiencias más extremas y valientes. «Encarcelarse» a sí mismo en la incomunicación y VIVIR semejante odisea en la carne supone un gran coraje y, como le digo, un inmenso valor. La desgracia, querida amiga, no es tener un hijo con esa deficiencia. Lo verdaderamente triste es no haber descubierto que está frente a un «héroe». Personalmente, cuando me cruzo con cualquiera de estos hombres o mujeres deficientes físicos o mentales, arrodillo mi alma ante ellos.

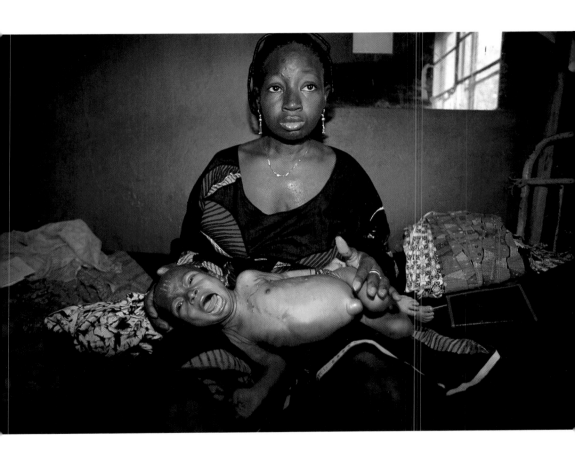

Mali.
Discapacitados físicos y mentales: la «élite» del valor. Las «fuerzas especiales» de Dios.

Israel.
Si todos somos «voluntarios» en este mundo «extremo y experimental», nadie debe juzgar.

NOMBRE   *Jesús Humberto Heitor*

ORIGEN   *São Paulo (Brasil)*

39 **¿Cree que Hitler, Stalin y Franco estarán en el cielo o en el infierno?**

El infierno, estimado amigo, fue una calumnia levantada por la Iglesia católica contra Dios. Si en verdad existiera, Dios no sería AMOR. Una parte de la Creación se le habría ido de las manos. Y tampoco concibo el cielo como lo «venden» las religiones. No se trata de premiar o castigar. No es eso lo que nos aguarda al «otro lado». Somos inmortales por expreso designio del Padre. En consecuencia, cumplido nuestro «papel» en la Tierra, *todos* seguimos avanzando. Además, ¿quiénes somos nosotros para juzgar? Si esos personajes que menciona fueron en realidad «voluntarios» en el Gran Plan del Jefe, ¿de qué podemos acusarlos? Como siempre, nuestro gran problema es la «miopía» cósmica...

NOMBRE	Erick Carrera
ORIGEN	Guatemala

40 **Si no he comprendido mal, usted niega que Dios premie o castigue. En ese caso, ¿qué sentido tiene vivir?**

He necesitado cincuenta años para entender el sentido de la vida. Para mí, estimado amigo, vivir no es aprender. Tampoco alcanzar la santidad o buscar la felicidad. Para quien le escribe, vivir es, por encima de todo, VIVIR. Y me explico. El Padre nos ha creado. Nos ha puesto en un primer mundo terrenal. Nos ha proporcionado un cuerpo físico. Y nos ha invitado a experimentar esta inicial «aventura» en la carne. Una «aventura» única. Después, al morir, seremos otra cosa. Pues bien, he ahí el secreto: vivir es conocer y experimentar esta vida humana. El resto son añadidos. Por eso he escrito VIVIR con mayúsculas. En el «otro lado», probablemente, disfrutaremos también de un cuerpo físico (durante un tiempo), pero no será la misma «aventura». No será el mismo lugar, ni las mismas circunstancias. ¡VIVA, pues, intensa y positivamente! ¡Sáquele jugo a esta experiencia única!

Níger.
¿Tocar el tambor en el fin del mundo? ¿Por qué no? Otra experiencia única.

Altiplano, Bolivia.
La miseria también obedece a un orden benéfico.

NOMBRE Juan Ferrer Cerrato

ORIGEN Extremadura (España)

41 **Estoy en el desempleo. Mi mujer está enferma y no tenemos para comer. Dígame, ¿cómo puedo pensar en vivir «intensamente»?**

Entiendo y sé que mis palabras sonarán a música celestial..., o quizá a algo peor. Sólo puedo abrir mi corazón y decir lo que siento. Hay algo mucho más grave que su delicada situación: no entender que esas penurias forman parte de su experiencia en la Tierra. También sé que esto no le consolará pero, al menos, si reflexiona sobre ello, si lo admite, puede que su vida se haga más llevadera. Le aseguro —y hablo por experiencia— que en las tinieblas también hay luz. Y algo más. Quisiera transmitirle un «secreto» que puede sacarle a flote. No maldiga ni se rebele. Ensaye otra fórmula. Pruebe «algo» que siempre funciona: admita, de corazón, que está en las manos del Jefe. Que su voluntad sea la voluntad del Padre. En ese instante, si acepta este compromiso, recibirá una grata sorpresa. Se lo garantizo...

NOMBRE — *Ángela María Moñío*

ORIGEN — *Guatemala*

42 **He leído en los** Caballo de Troya *que el secreto de los secretos es hacer la voluntad del Padre. ¿Cómo se consigue?*

Alguien a quien quiero y admiro lo dijo hace dos mil años...

Basta con abrir los ojos. Es suficiente con «descubrir» que existe ese gran Padre..., y dejarlo todo en sus manos. En el fondo se trata del más hermoso acto de humildad que pueda practicar una criatura humana. Él es mi Jefe y Él decide. Yo actúo, trabajo intensamente, sin respiro, pero mi voluntad es que se haga su voluntad. Y lo acepto. Sea lo que sea...

Sí, querida amiga, ése es el secreto de los secretos. Y le aseguro que, en ese momento, todo brilla con una luz especial. Todo adquiere un nuevo y magnífico sentido. Y el hombre se convierte en un aprendiz de Dios...

> La Paz, Bolivia.
> El hombre no lo sabe, pero algún día será Dios.

África occidental.
Hacer la voluntad del Padre: ¡Bingo!

92

| NOMBRE | Alejandro Sánchez Ordóñez |
| ORIGEN | Uruguay |

43 **¿De verdad está usted consagrado a hacer la voluntad del Padre?**

Ése fue mi compromiso. Así lo hice, solemnemente, hace ya algunos años. No voy a mentir. Necesité tiempo, mucho tiempo, para entender y ponerlo en práctica. Y le aseguro que fue la gran decisión de mi torpe vida. Nunca me he arrepentido. Muy al contrario. Desde aquel histórico día, desde que puse mi voluntad en sus cálidas manos, todo es distinto. Soy un hombre infinitamente más seguro, más confiado y, si me lo permite, más feliz. No es fácil explicárselo. Inténtelo. Vívalo. Después, por favor, escríbame de nuevo y cuente...

NOMBRE	*Soledad Ansede Rey*
ORIGEN	*El Ferrol, La Coruña (España)*

44 **¿Por qué dice que «vivir no significa acertar» ¿Podría explicármelo?**

Hay personas que sólo viven para el éxito, para alcanzar determinadas metas. Y eso, en mi opinión, es correcto, siempre que la ambición o los ideales sean saludables y honestos. Pero el riesgo está en olvidar que esos objetivos —aun siendo legítimos— no son la clave de nuestra existencia. Lo realmente importante no es triunfar o poseer, sino VIVIR. Lo he comentado en otras oportunidades. VIVIR, con mayúsculas. Experimentar la vida a tope y con sentido común. El «acertar» o no es secundario. Por eso suelo repetir que «vivir no significa acertar».

> País Dogon, Mali.
> Experimentar es más importante que acertar.

NOMBRE Víctor Manuel Villar Panea

ORIGEN Caracas (Venezuela)

45 **Si Dios es tan listo, ¿por qué permite tantas religiones e iglesias? ¿Dónde está la verdad?**

Yo lo veo desde otro ángulo. La raza humana es muy joven. Apenas tiene un millón de años. Eso, comparado con los 4 500 millones de años del planeta, son ¡cuatro minutos! Y como cualquier bebé, la humanidad debe ir pasando por diferentes etapas. Ahora estamos en el ciclo de las religiones. Algo así como un «sarampión», casi necesario. ¿Culparía usted a Dios de un «sarampión»?

No, amigo, no creo que debamos señalar a Dios como el responsable de esa «jungla» religiosa. Se trata, sencillamente, de un proceso más en nuestra evolución.

En cuanto a la verdad, ¿por qué asociarla con las iglesias? La verdad debe ser algo mucho más grande, intenso y gratificante. La verdad no está ahí afuera..., sino dentro: en su corazón.

< El ser humano es un recién llegado a la vida. Hay que darle tiempo.

NOMBRE — *Erika Madonti*

ORIGEN — *Los Ángeles (USA)*

46 ¿Cuál es la religión del futuro?

No soy profeta, querida amiga. Sólo un curioso observador de cuanto me rodea. Hagamos un poco de historia. Al principio, hace miles de años, el hombre practicó la religión del miedo. Los fenómenos de la naturaleza eran incomprensibles para él y terminó adorando al rayo, al sol y a los meteoritos. Después llegaron las iglesias. Y el hombre practica la religión del dogma. Vida eterna, cielo y felicidad a cambio de servidumbre física y mental a unas leyes y preceptos. Pero esta realidad tampoco llena los corazones. Y algún día —muchos ya la practican— aparecerá la religión del espíritu. Es decir, la búsqueda personal de Dios. La más ardua y hermosa. Una religión sin templos, sin jerarquías, sin dogmas ni castigos. Una búsqueda interior motorizada por el servicio y el amor.

> Algún lugar en la costa palestina.
> La búsqueda en solitario: la más difícil y gratificante.

Etiopía.
La santidad (perfección) llegará algún día. Pero no aquí.

| NOMBRE | Darlene Baqueiro |
| ORIGEN | Pontevedra (España) |

 47 **¿Por qué dicen que la Iglesia católica es santa si sólo Dios es santo?**

Estimada amiga, cuando alguien se considera en posesión de la verdad corre el riesgo de decir muchas tonterías. En efecto, el único santo —es decir, perfecto— es el Padre. La afirmación, como sabe, tampoco es mía. Jesús de Nazaret fue rotundo al afirmarlo. Ni la Iglesia católica ni ninguna otra religión son santas... Somos los humanos los que nos colgamos las medallas.

NOMBRE	Alice Wasconcellos
ORIGEN	Rio Grande do Sul (Brasil)

48 *¿Cree usted que Dios es católico?*

Ni católico, ni protestante, ni budista, ni musulmán...
Lo he dicho muchas veces: Dios, por encima de todo, es AMOR.
No creo que al Padre le gusten las etiquetas. Una vez más somos nosotros los que «embotellamos» a Dios, según conviene.
Imagino que, al pasar al «otro lado», la sorpresa será total.

> Algún lugar de Europa.
> ¿Desde cuándo el AMOR es católico, judío o musulmán?
> ¿Existe acaso un AMOR de madera?

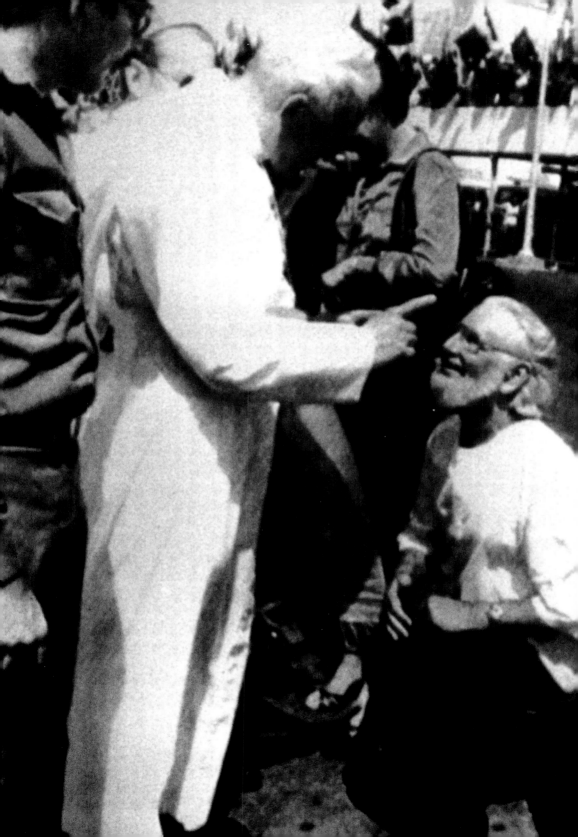

	NOMBRE	Carlos Augusto Richardson
	ORIGEN	Chicago (USA)

49 *Usted ha dicho en la tele que el Papa no cree en Dios. Me parece que usted necesita un psiquiatra...*

Me gustaría matizar. Lo que yo dije es que el Papa no cree en el Dios en el que yo creo, que es distinto. Y salta a la vista...

El Papa responde al error (o al supuesto error) con el error. ¿Recuerda aquella famosa imagen del Pontífice al llegar al aeropuerto de Managua? Ernesto Cardenal, de rodillas, fue duramente amonestado por Juan Pablo II. El Dios en el que yo creo jamás reprocha ni castiga. Nunca responde a la maldad (o supuesta maldad) con la maldad. Mi Dios favorito no excluye ni separa. No distingue ni desprecia. No entra en política. No bendice guerras ni se posiciona al lado del poder. No comercia ni tiene bancos. Es respetuoso con todas las «verdades», aun teniendo la única verdad. No pide perdón porque no tiene nada de que arrepentirse.

Como puede comprobar, según su teoría, somos dos los que precisamos de un psiquiatra: Dios y yo...

< Aeropuerto de Managua.
Juan Pablo II amonesta al entonces ministro de cultura, Ernesto Cardenal.
Mi dios, en efecto, nada tiene que ver con el Dios del papa...

NOMBRE Ángela Armada

ORIGEN Barcelona (España)

50 **Usted niega el pecado. Usted peca de soberbia.**

Permítame que le narre un pequeño cuento.

En cierta ocasión, un hombre paseaba por el campo. De pronto, al llegar a las proximidades de un hormiguero, escuchó una voz: «¡Atención, hermanas! Ahí está otra vez ese dios miserable que nos destruyó el mes pasado...»

Perplejo, el caminante se inclinó, comprobando que la voz procedía de una de las hormigas. Y recordó que, en efecto, un mes antes había pasado por aquel mismo lugar.

Pues bien, querida amiga, ésta, ni más ni menos, es mi interpretación del pecado. ¿Se sentiría ofendida porque, de repente, escuchara la voz de una hormiga, llamándola «miserable»? Usted debe saber que la distancia que nos separa de Dios es infinitamente mayor que la que existe entre un humano y una hormiga...

En consecuencia, pretender ofender al Padre con nuestros actos o palabras es no conocer la naturaleza de ese Dios. Eso, en el fondo, sí es soberbia...

Si un insecto llegara a ofendernos, no sería un pecado. Sería un milagro...

Algún lugar del Sahara.
La búsqueda de Dios no precisa mapas y guías oficiales.

51 **Dios apunta sus errores. ¡Arrepiéntase! Regrese al seno de la Iglesia.**

Estimada amiga, cuando se ha ensayado la búsqueda personal de la verdad, a pesar de la soledad y de los formidables fracasos, nada ni nadie puede devolvernos a esas instituciones. Sería como encarcelar al halcón... Lo nuestro es un viaje sin retorno. Y puedo garantizarle que un solo hallazgo, por muy pequeño que sea, satisface más que todas las promesas y bendiciones de las iglesias. Es posible que hablemos idiomas distintos. Por eso, quizá, usted no me comprende. Y permítame que la corrija: el Jefe no registra mis errores. En todo caso los apunta su Iglesia. Dios sólo escribe mis aciertos y mis sueños. Y lo hace en granito...

NOMBRE	Charo H. del Olmo
ORIGEN	Vega de Santa María, Ávila (España)

52 ¿*Se da cuenta de la inmensa influencia que tienen sus escritos en las almas que, aun sin creer en nada, buscan algún norte o la seguridad de un puerto?*

Sinceramente, no. Y prefiero no darme cuenta. Sería terrorífico... Pero, si así fuera, si mis escritos, en verdad, contribuyen a abrir las mentes y, sobre todo, a multiplicar la esperanza, doy gracias al Padre. Misión cumplida. Ése es mi gran objetivo: que todo el mundo «descubra» lo que yo estoy «descubriendo». En el fondo no invento nada. Sólo refresco lo que Alguien nos trajo hace dos mil años...

Jerusalén.
A pesar de las apariencias, la esperanza está ahí, al alcance de la mano.

Ma'in, Jordania.
Las revelaciones son otro «regalo» del Padre. Y llegan siempre de forma inesperada.

NOMBRE

ORIGEN

Teresa Fernández

correo electrónico: teresa@hotmail.es

53 **¿En qué momento uno descubre cuál es su misión en el mundo? ¿Cuándo descubrimos por qué estamos en este planeta?**

Si la teoría de los «voluntarios» es cierta, todo depende de lo «programado». Puede que nunca. Puede que el «objetivo» sea únicamente VIVIR y experimentar, sin llegar a descubrir jamás el porqué de esa «operación». También puede suceder que un día, de pronto, aparentemente por casualidad, alguien le hable de ello o, por ejemplo, caiga en sus manos un libro tan extraño como éste. En el segundo caso basta que usted se haga esas reflexiones para que empiece a intuir la razón o razones de su presencia en el mundo...

NOMBRE	Ricardo José Nistal
ORIGEN	Nicaragua

 54 **¿Es usted teólogo? Si no lo es, ¿por qué escribe sobre Dios? Deje ese asunto a los curas...**

No, no lo soy. Sólo soy un pobre periodista que investiga. Y le confesaré algo: nunca he logrado explicarme por qué me meto en estos laberintos. Lo mío, querido amigo, era pintar...

Pero, por lo visto, el Jefe tenía otros planes. Y no seré yo quien le lleve la contraria...

Y ya que lo menciona, déjeme decirle algo: ¿por qué tienen que ser los teólogos los únicos capacitados para hablar del Padre? Puestos a ser rigurosos, el oficio de teólogo —con todos mis respetos, claro está— es uno de los máximos exponentes de la vanidad humana. El término «teología» procede del griego *theos* (dios) y *logos* (tratado). Es decir, la disciplina que estudia la esencia, la existencia y los atributos de Dios. ¿Y quién, en su sano juicio, puede aspirar a conocer o interpretar la esencia y las características del Gran Dios? Como mucho —y éste es mi caso—, sólo podemos aspirar a «sentirlo». Por cierto, Francisco de Asís y Teresa de Calcuta no eran teólogos...

Galilea, Israel.
Si conociéramos la Verdad estallaríamos como un globo.

¡Pobre Luzbel! Las religiones, además, lo han secuestrado...

NOMBRE Miguel Ángel Bueno Bujeda

ORIGEN León (España)

55 **¿Se ha mirado al espejo? ¿No encuentra un gran parecido con Satanás?**

Supongo que conoce usted aquel viejo apólogo sobre el diablo... Se lo resumiré.

Cuentan que cierto personaje quiso saber cómo era en realidad Luzbel. Y fue preguntando. Todos, sin excepción, lo describieron como un ser deforme, monstruoso, malvado y, lógicamente, infernal. Y un buen día, al llegar a un cruce de caminos, nuestro personaje encontró a un joven de gran belleza y extraordinaria simpatía. Y le formuló las mismas preguntas: «¿Conoces al diablo? ¿Podrías describirlo?»

«Soy yo», replicó el hermoso individuo. Y ante la sorpresa de su interlocutor, Luzbel añadió: «Es que sólo has preguntado a mis enemigos...»

Moraleja: como puede deducir, todo depende de a quién pregunte...

P.D.   Creo que le falta información. Hace dos mil años que Luzbel y sus satélites no pisan la Tierra...

NOMBRE	*Klaus Dinkhauser*
ORIGEN	*Colonia (Alemania)*

56 ***La Iglesia católica dice que el diablo ha resucitado. ¿Qué opina?***

Cuando leí la noticia, francamente, casi me dio un ataque de risa. Para empezar, ¿a qué diablo se refieren? Como usted debe saber, hay muchos... Y algunos con vestiduras cardenalicias... Querido amigo, ¡qué fácil es culpar al diablo de nuestras propias estupideces! Las iglesias en general, y la católica en particular, encontraron en el diablo la excusa perfecta para lavar sus propias culpas y errores. No, amigo, Luzbel y los que le siguieron en aquella rebelión no han regresado a la Tierra. Sencillamente, no pueden desde que Jesús de Nazaret se convirtió también en el Príncipe de este mundo.

> Beirut, Líbano.
> El diablo no actúa en la Tierra. Somos nosotros los responsables de nuestros errores.

Es hora ya de bajar a Dios de las alturas.

NOMBRE Jerónimo Tomás Cabañas Suárez

ORIGEN Nuevo León (México)

57 *¿No le da vergüenza tratar a Dios de forma tan irreverente? (Véase su libro A 33.000 pies.)*

¿Y no le parece que es hora ya de bajar a Dios de la oscuridad y lejanía de los altares? Tratar al Padre con sentido del humor, con la confianza y el cariño que infunde un amigo, no es ser irreverente. Observe a su alrededor: cuanto más inteligente es una persona, mayor es su sentido del humor... Y lo practica siempre. Sobre todo ante los asuntos realmente graves e importantes. Para mí, el Jefe es, obviamente, el ser más inteligente que conozco. En otras palabras: el mejor de los cómicos. Y supongo que está más que harto de tanta oración gris y aburrida y de tanta letanía soporífera. Cuando hablo con Él, sencillamente, intento que no se aburra...

| NOMBRE | Ariel Montessori |
| ORIGEN | Lima (Perú) |

58 **¿Dios es hombre o mujer?**

Buena pregunta...

Supongo que depende de cómo se enfoque el dilema.

Si Dios es poder, inmediatamente lo asociamos a la fuerza del varón.

Si Dios es belleza, la imagen resultante es femenina.

Si Dios es amor, la mente se inclina hacia la mujer.

Si Dios es sabiduría, el pobre cerebro humano busca la comparación en un anciano.

Si Dios es imaginación, de nuevo surge la estampa de la feminidad.

Como ve, en una simple enumeración de algunos de los atributos divinos, la imagen femenina prevalece sobre la masculina.

Y puede que estemos en lo cierto. Puede que Dios tenga más de mujer que de hombre. A mí, personalmente, me encantaría...

La Habana, Cuba.
Nos hallamos tan lejos de la Verdad que sonreímos al pensar en un «Dios-Mujer».

123

Desierto del Sahara.
A la naturaleza no le interesa la línea recta. ¿Por qué?

NOMBRE José Luis Escámez

ORIGEN Jerez, Cádiz (España)

59 *Usted ha dicho que «todo lo que merece la pena es curvo».*
¿Dios es redondo?

Si es luz, querido amigo, no es recto.

Si es energía, ¿dónde están las esquinas?

Si es amor, envuelve. ¿Envuelve lo recto o lo curvo?

Si Dios es belleza, enamora. También el corazón es curvo.

Si es música, es sentimiento. Pues bien, incluso el odio se mueve como una ola.

Si es inteligencia, ¿cómo se manifiesta? ¿Cómo brotan sus ideas? ¿Con tiralíneas?

Si es un sueño, ¿dónde nace? Sólo en la espléndida arquitectura curva de la mente.

Si es esperanza, ¿cuál es su forma? Yo la veo como un horizonte, siempre curvo.

Si Dios es un Padre, entonces es abrazo. Es decir, Él y yo..., en un círculo.

Sí, Dios es curvo.

?	NOMBRE	Carmen Maina
	ORIGEN	Buenos Aires (Argentina)

60 **¿Ha leído el Corán? ¿Lo considera un libro revelado por Dios?**

Más que leerlo, lo he estudiado. Y con tanto interés como detenimiento. No me andaré con rodeos. Con todo mi respeto hacia los musulmanes, el Corán poco tiene que ver con Dios. Al menos con el Dios en el que yo creo...

Mahoma afirmó que las revelaciones —77 934 palabras, para ser exactos— le fueron dictadas por el arcángel Gabriel. Y no lo pongo en duda. Eso fue lo que escuchó el profeta en el año 611, mientras dormía en una cueva del monte Hira. Pero ¿se trataba en verdad de Gabriel? ¿Era un enviado de Dios, como le manifestó a Mahoma? Hoy, en la investigación del fenómeno ovni, las apariciones de criaturas luminosas que dicen hablar en nombre de Dios se cuentan por centenares... Y dictan a los testigos toda suerte de despropósitos. Estaríamos, por tanto, ante una serie de «experimentos» llevada a cabo por entidades o seres desconocidos que usurpan nombres y títulos. Sólo así podemos entender las contradicciones y lo absurdo de estas supuestas revelaciones. En resumen: Mahoma fue un «contactado», un hombre sincero que fue utilizado —la palabra correcta sería «manipulado»— con un fin que nos llevaría muy lejos.

Universidad de Ammán, Jordania.
Mahoma, como otros profetas y visionarios, fue manipulado en nombre de un supuesto Dios.

Mali.
La Verdad no está escrita.

NOMBRE	*Isabel Castillo*
ORIGEN	*Baracaldo, Vizcaya (España)*

61 **He visitado el mundo árabe y siempre me ha impresionado el gran temor de estas gentes hacia Dios. ¿Cuál es el origen de esa actitud?**

En mi opinión, los musulmanes conciben el mundo según lo establecido en el Corán. Pues bien, en dicho texto hay 163 alusiones a la necesidad de «temer a Dios». Éste es el origen de la actitud que usted menciona. Una postura que, obviamente, no comparto y que me inclina a dudar del carácter divino del Corán. Lo he dicho muchas veces: Dios no lleva las cuentas. Jamás castiga. Dios —mi Dios favorito— es un Padre.

Por eso, al hablar de Mahoma, pienso en un «experimento». Si el buen Dios se hubiera manifestado en verdad al supuesto profeta del islam, jamás lo habría hecho en esos términos.

62 **He leído que los musulmanes justifican y defienden lo que llaman «guerra santa». ¿Cómo puede haber una guerra con el calificativo de «santa»?**

No es bueno generalizar, querida amiga. No todos los musulmanes son fanáticos... Como en el resto de las religiones, los hay moderados y extremistas. Estos últimos son los que predican y practican la aberración de la «guerra santa». Y creen en ello porque así lo dice el Corán. Según mis cuentas, en dicho texto se anima a combatir a los «infieles» en 33 ocasiones. Dos ejemplos: «¡Ah, si los infieles supiesen la hora en que no podrán apartar el fuego de sus caras ni de sus espaldas...!» (sura 21)... «Cuando encontréis infieles, matadles hasta el punto de hacer con ellos una carnicería...» (sura 47).

¿Desde cuándo el buen Dios —generador de vida— se complace en algo tan brutal?

No, el Corán no es un libro sagrado...

Jerusalén, marzo de 2002.
Matar en nombre de Dios, o de cualquier otro ideal, es caminar en dirección contraria.

Jerusalén, marzo de 2002.
Mi Dios favorito no se llama Allah.

NOMBRE Soledad Esteban Rey

ORIGEN Castellón (España)

63 **¿Cuál es la gran diferencia entre Allah y el Dios de J. J. Benítez?**

Allah, sobre todo, es un ser vengativo y castigador. Ésa, para mí, es la gran diferencia. Ésa es la clave que invalida el origen y la naturaleza divinos del Corán. Leo textualmente del libro «sagrado»(?) de los musulmanes: «Dios odia a los infieles»... «Dios es rápido en sus cuentas»... «Dios odia al hombre incrédulo»... «Dios es poderoso y vengativo»... «Dios no ama a los infieles»... «Dios ama a los que le temen»... «Dios maldice»... «Dios excita a los creyentes al combate»... «Dios no concede prórrogas»...

Mi Dios es, justamente, lo contrario.

NOMBRE	Roberto de Jesús Calduch
ORIGEN	Baleares (España)

 64 ¿Es cierto que el islam defiende la existencia del infierno?

En el Corán he sumado 447 citas sobre el castigo eterno que Dios ha reservado a los infieles. Citas demoledoras en las que, por ejemplo, la piel de los condenados es regenerada constantemente, provocando así un dolor continuado. Citas en las que los réprobos beben pus y agua hirviente. Un infierno en el que las entrañas hierven como metal fundido... En definitiva, un lugar ideado por una mente enfermiza. Otra aberración —como sucede con los cristianos— que sólo contribuye a potenciar el miedo y a empequeñecer la grandiosidad del buen Dios. Lo he dicho en alguna ocasión: si el infierno existiera, Dios no sería AMOR...

> Etiopía.
> Dios no precisa «andamiajes». Es el hombre el que ha inventado el infierno.

134

Egipto.
Mahoma nos alejó de Dios. Para el Corán, el hombre está solo.
Dios es un ser inalcanzable. Un extraño.

?	NOMBRE	Homero García Contreras
	ORIGEN	Guadalajara (México)

65 **No comprendo la forma de rezar de los musulmanes. Tengo entendido que se limitan a recitar frases del Corán. ¿Por qué no hablan directamente con Dios?**

Sencillamente, por miedo y porque así fue establecido por Mahoma. Para el profeta, Dios es un ser inaccesible. No hay posibilidad de relación con los humanos. El concepto de Dios-amigo, Dios-compañero o Dios-confidente repugna a la mentalidad musulmana. He aquí otra buena razón para rechazar el carácter divino del Corán. Dios —mi Dios favorito— es comunicación permanente con el corazón del hombre. Más aún: Él vive en cada ser humano..., FÍSICAMENTE. Por tanto, hablar con Él y sentirlo son prerrogativas consustanciales a la naturaleza humana.

	NOMBRE	Juana Buigues
?	ORIGEN	Denia, Alicante (España)

66 ¿Sabe usted si las mujeres musulmanas van al cielo?

En las sucesivas lecturas del Corán jamás encontré una sola alusión a lo que usted plantea. En el islam, el cielo parece concebido, única y exclusivamente, para los varones. «Allí —reza el texto— habrá buenas y hermosas mujeres... Allí encontrarás mujeres vírgenes de grandes ojos negros, encerradas en pabellones... Allí habrá vírgenes de modesta mirada, que no han sido tocadas jamás por hombres... Mujeres vírgenes de redondos senos que seguirán siendo vírgenes después de hacer el amor...»
Y junto a las doncellas, ríos de vino. Otra desconcertante contradicción coránica. Si el vino está prohibido a los musulmanes, ¿por qué aparece en el Paraíso como uno de los grandes placeres?
Una de dos: o Dios se ha vuelto loco o alguien le tomó el pelo a Mahoma...

> Kaná, Líbano.
> Según el Corán, la mujer-objeto alcanza su plenitud en el Paraíso.
> Mahoma, evidentemente, se confundió de Dios.

Washington, Estados Unidos.
«Queridos terroristas: dormid
con un ojo abierto. Estamos
en camino». Como dijo el
Maestro, no hay peor ciego
que el que no quiere ver...

140

67 **Perdí a un amigo en los atentados de las Torres Gemelas. ¿Cree que debo amar a los musulmanes?**

En primer lugar, ¿de verdad cree usted que esos atentados fueron obra de extremistas islámicos?

Y aunque así fuera, ¿por qué juzgar y condenar a mil millones de musulmanes por la locura de unos pocos fanáticos y visionarios? Si mi teoría de los «voluntarios» es cierta, cada cual elige libremente el papel que desea VIVIR. Por tanto, juzgar es un grave error. Sencillamente, todas las opciones son respetables, aunque no las comprendamos. El islam, como el cristianismo, el animismo o el budismo, son opciones. Sólo eso. Al ser humano hay que amarlo por sí mismo. No por lo que hace o dice...

NOMBRE	Duilio Cisneros Coronado
ORIGEN	Tamaulipas (México)

68 **¿Es cierto que usted hace «pactos» con Dios? ¿Puede contarme uno?**

Digamos que, más que pactos, lo que hago es pedir «señales». Por ejemplo: el 14 de julio de 1999 murió *Thor*, mi pastor alemán. Pues bien, mientras lo enterraba rogué al Padre que me aclarara una cuestión: «¿Hay cielo para perros?» Y le pedí una «señal». Planté dos rosales sobre la tumba. Dos rosales podados. Es decir, sin flor. Y le dije: «Si en verdad hay cielo para perros, por favor, haz que las rosas sean blancas...»
Unas tres semanas más tarde, los rosales florecieron. ¡Eran rosas rojas! Éste es mi «juego» con el Jefe. Y le aseguro que es un «juego» tan divertido como útil.

Dios y yo: dos jugadores sin remedio.

NOMBRE	Mauro Fernando Ferreras
ORIGEN	Bariloche (Argentina)

69 **¿Puedo hacer yo «pactos» con Dios? ¿Cómo debo hacerlo?**

Puede hacerlo cualquiera, querido amigo. Si se trata de solicitar «señales» —que es mi caso—, el asunto es muy simple. Usted plantea una duda —la que sea— y «negocia» con el Jefe. «Si esto es así —puede decirle—, por favor, haz que suceda tal cosa...»

¡Ah!, y póngale un límite, una fecha concreta. No se apure: Dios es un amigo y estos «negocios» le divierten. Es más: procure que la «señal» no sea fácil... Con Dios hay que «jugar» fuerte, como en el mus.

Y otra recomendación: no importa que sea usted creyente o no. Pruebe y cuénteme...

Yo me asombro cada día.

< Pactar con Dios: mi deporte favorito.

| NOMBRE | Concha Escámez Soto |
| ORIGEN | Málaga (España) |

70 **Yo he fabricado un Dios de «bolsillo» (para andar por casa). ¿Por qué a los curas y monjas los molesta tanto este tipo de Dios?**

¡Felicidades, amiga! Creo que ha hecho un «bingo». De momento, mientras nos toque VIVIR en la Tierra, ésa es la fórmula ideal. No se pierda en conceptos lejanos o abstractos. Siente al Padre a su mesa. Llévelo al supermercado. Pídale que seque los platos. Que le abra y le cierre la puerta del coche. Que sea el último en besarla antes de dormir. Consúltele cómo llegar a fin de mes. Ofrézcale el perfume de su mejor sonrisa (a cada instante). Ante la menor dificultad, póngase en sus manos (recuerde: «que mi voluntad sea la suya»). Cante con Él en la ducha. Tómele de la mano y sienta su calor. Póngale los cascos y permita que escuche su música favorita. Descúbralo en el rostro de cada extraño, de cada enemigo, de cada amigo...

P.D.   Se me olvidaba. Hoy, los curas y monjas han cambiado mucho...

Navarra, España.
Atrévase: cambie al Dios solemne y lejano por un Dios de bolsillo.

Shirley MacLaine en el camino de Santiago.
En el peregrinaje de la existencia nada es casual. Pero caminamos con la
cabeza baja y los ojos cerrados.

| NOMBRE | Hernán Javier Ocejo |
| ORIGEN | La Habana (Cuba) |

71 ***Tengo entendido que usted no cree en la casualidad...***

Desde hace mucho tiempo...

Le contaré algo que muy pocos conocen. Cuando empecé a sospechar que el azar no existe puse en marcha un pequeño-gran experimento: durante mil días llevé un diario personal, anotando cuanto sucedía a mi alrededor. Pues bien, el promedio de «causalidades» era de dos al día (!). Muchos de esos sucesos —la mayoría— eran matemáticamente imposibles.

Y es lógico que así sea. Si somos «voluntarios», si todo ha sido previa y minuciosamente «programado», nada puede obedecer a la casualidad. Otra cuestión es que no recordemos; es decir, que no dispongamos —ahora— de toda la información. Si usted repasa su vida tendrá que reconocer que hay infinidad de hechos que no explica el azar (una «criatura», por cierto, que escapa a los razonamientos y análisis de la ciencia).

149

NOMBRE	Héctor Néspoli
ORIGEN	Buenos Aires (Argentina)

 72 *Lo que dice no me gusta. Si el azar no existe, ¿somos marionetas de Dios?*

Yo no lo veo así. Si la hipótesis de los «voluntarios» fuera cierta —insisto en lo de «hipótesis»—, usted, sólo usted, habría «diseñado» su vida en la Tierra. ¡Hasta en los más pequeños detalles! Y Alguien, supongo, tiene que velar para que eso se cumpla. Desde este punto de vista, como ve, la interpretación es muy diferente. Dios, en definitiva, estaría a su servicio. Como siempre...

Le pondré un ejemplo, aunque sé que no es el más acertado. Durante los primeros años, mientras el hombre es un bebé, ¿quién lo cuida y protege? El bebé no sabe, no puede...

Pues bien, en mi opinión, la vida humana en la Tierra es eso: el primer despertar, el primer gatear, siempre bajo el auxilio de Alguien...

África central.
A nivel cósmico estamos gateando.

Cementerio nacional de Arlington, Estados Unidos.
Incluso la muerte está minuciosamente diseñada.

NOMBRE   *Linda Cozumel*

ORIGEN   *Mérida, Yucatán (México)*

73   *Según su teoría de los «voluntarios», la vida estaría progra-mada desde el principio. ¿También el momento y la forma de morir?*

Ésa es mi sospecha...

Uno, efectivamente, de acuerdo a un plan que, lógicamente, se me escapa, decidiría cuándo y cómo. Si contempla el fallecimiento de las personas descubrirá hechos y circunstancias realmente asombrosos. Hay gente, por ejemplo, que muere en barcos o aviones..., a los que no debía de haber subido. Y al revés. Hay quien se salva «milagrosamente»... ¿Por qué? Sencillamente, porque así fue «programado». Naturalmente, nadie, en la Tierra, conoce las razones. Pero estoy convencido de que todo responde a un orden. Un orden prodigioso.

NOMBRE	María del Carmen Monis
ORIGEN	Tarragona (España)

 74 **Y dígame: ¿cómo explica la muerte de un niño? ¿Es eso justicia? ¿Es Dios justo cuando se lleva a una criatura de cinco meses o de cinco años?**

Querida amiga, como usted comprenderá, no tengo respuestas para todo. ¡Qué más quisiera!

He pensado mucho, muchísimo, sobre lo que plantea. Yo tampoco consigo explicarme por qué mueren los niños o los jóvenes..., salvo que haya una razón «de peso». Y tras «interrogar» una y otra vez al Jefe, sólo he obtenido una respuesta: «También eso obedece a un orden... Tú podrías definirlos como "seres de apoyo".»

En otras palabras: seres «voluntarios» que asumen un papel corto, muy corto, en la vida terrenal. Un papel incomprensible —en especial para los padres y familiares—, pero extraordinariamente útil y beneficioso para otros «fines».

Como ve, si esto es así, no debemos hablar de justicia o injusticia. Ésa sería una interpretación errónea.

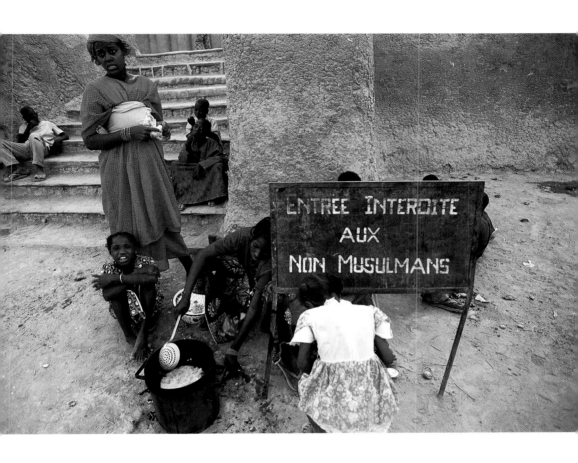

África central.
Al pasar al «otro lado» comprenderemos: juzgar a Dios, o a los demás, fue la peor injusticia.

Sudán.
Que no comprendamos no significa que el buen Dios cometa errores.

NOMBRE	Ramón Sánchez Poxo
ORIGEN	Madrid (España)

75 *He leído en sus libros que la «chispa» divina entra en nosotros cuando tomamos la primera decisión moral. Aproximadamente a los cinco años. ¿Y qué sucede con un niño que muere antes de recibir la «chispa»?*

Si son «seres de apoyo», entiendo que no tienen por qué estar sujetos a la «mecánica» habitual. Su misión —aceptando que estemos en lo cierto— sería otra. Se me ocurre una definición: «seres de apoyo, en misiones especiales». Probablemente, si ése es el «pensamiento» de Dios, tendrán otra oportunidad y podrán experimentar la VIDA, tal y como nos ha correspondido a nosotros.

Lo que está claro, estimado amigo, es que el Jefe no comete errores. Si un niño muere —habiendo recibido o no la «chispa»— es porque así fue «programado». Y deberíamos bendecir a esos pequeños-grandes «héroes». Y sentirnos orgullosos de ellos...

NOMBRE	Mauricio Hernán Wires
ORIGEN	*Caracas (Venezuela)*

76 *Según dice, la muerte es sólo un «ascensor», un mecanismo natural que nos hace libres. Eso queda muy bien, pero ¿qué pasaría si le dijeran que va a morir mañana?*

No quiero que malinterprete mis palabras pero le aseguro —con todo mi corazón— que ya he sido entrenado para ese momento. La muerte no me asusta. Sólo la forma de morir. Eso sí, y creo que es lógico y muy humano. Sé que la muerte es tan sólo un dulce y benéfico «sueño». Nada más. Y sé también que, al «despertar», seguiré VIVO. ¡VIVO físicamente! Es una de mis pocas certezas...

Por tanto, si me diijeran que voy a morir mañana, seguiría haciendo lo que tuviera entre manos en esos momentos. Y tenga por seguro que no me despediría de los míos. Sólo les diría «hasta luego».

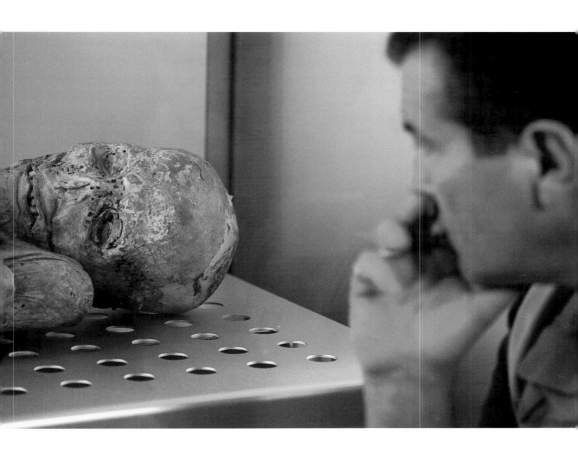

Alguien nos ha estafado. La muerte no es peor que la vida.

Mar Muerto.
Al morir empiezan las sorpresas, para todos...

| NOMBRE | *Raquel Trecet* |
| ORIGEN | *San Sebastián, Guipúzcoa (España)* |

77 **Y para los que no creen en nada, ¿qué es la muerte?**

Aparentemente vacío. Quizá tinieblas. Olvido. Punto final.

Lo maravilloso, sin embargo, es que, al morir, esas personas también entran en la «luz». Y supongo que comprenden... Ése era su papel. Ésa era su experiencia, previamente «firmada».

Nadie, querida sobrina, escapa a la inmortalidad. Todos estamos condenados a ser felices...

Tu Jefe es así: un lujo.

¿Apostamos?

| **NOMBRE** | J. L. M. |
| **ORIGEN** | *Albelda de Iregua, La Rioja (España)* |

78 **Soy un enfermo terminal. Me quedan unos meses de vida. ¿Qué me aconseja que haga?**

¡Dios bendito! ¿Qué puedo decirle? Sólo tengo la palabra...

Y aun a riesgo de equivocarme, me atrevo a rogarle, a suplicarle, que VIVA con fuerza hasta el último momento. Aférrese a la idea de que, después, tras ese dulce «sueño» que es la muerte, seguirá VIVO. Éste es mi mayor tesoro. Mi gran certeza. Y le pediría algo más: ame en ese breve tiempo lo que no ha podido amar en el resto de su existencia. Espante la amargura y el miedo. Sobre todo, la tristeza y el dolor de los demás. Ensaye a sonreír y —se lo garantizo— una «fuerza» titánica y benéfica lo pondrá en pie, transformándolo. Diga «hasta luego» con la paz en los ojos. Usted ha cumplido. Deje ahora que el Padre se ocupe de todo...

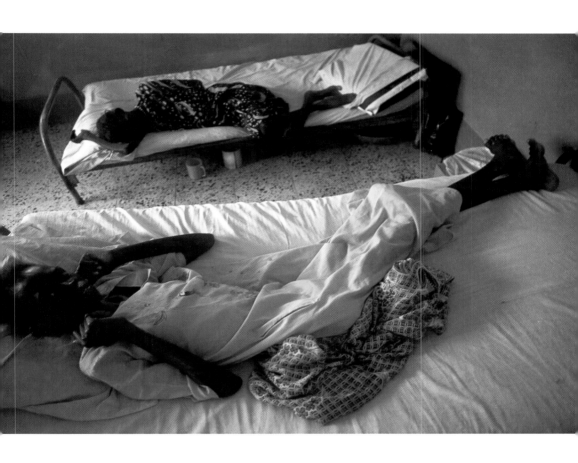

Campo de refugiados de Omdurman, Sudán.
Un secreto: al llegar al límite, deje que Él se ocupe de todo.

Desierto libio.
El fuego nos fascina. Lo necesitamos. Lo buscamos. Pero nadie puede tocarlo.

	NOMBRE	*Luis Enrique Decodima*
	ORIGEN	*Cuernavaca (México)*

79 **¿Veré a su Jefe cuando muera?**

Mi Jefe... y el suyo.

Pues no, querido amigo, no lo creo. Y no se asuste. Es lo normal. Y me explico.

Para llegar al Padre, al número Uno, entiendo que se necesita primero un largo «entrenamiento», un inmenso «recorrido»...

El Jefe, para mí, es una «luz», una «fuerza» y un «AMOR» tan intensos que nos desintegraría si pudiéramos llegar a su presencia nada más pasar al «otro lado». Sería como acercarse al Sol con un simple traje de astronauta. Ahí reside, justamente, la fascinación de la extraordinaria «aventura» que tenemos por delante. No sea impaciente. No quiera ver el final de la película nada más sentarse en la butaca. Todo, en la Creación del Padre, está magistral y amorosamente planeado.

| NOMBRE | Mercedes de los Ángeles Melo |
| ORIGEN | Montevideo (Uruguay) |

80 **Y al llegar al Paraíso, ¿qué? ¿Toda la eternidad tocando la lira? ¡Qué aburrido!**

¿Dios un ser aburrido?

La entiendo. Usted, probablemente, se ha quedado con la imagen que «venden» las religiones: toda la eternidad «contemplando» a Dios... Permítame que lo dude. Nos han contado muchas patrañas y ésta es una de las más lamentables.

El Jefe, querida amiga, es también acción. No se haga ilusiones: cuando pase al «otro lado» continuará trabajando. ¡Y de qué forma! Le diré lo que intuyo. Cuando, al fin, desembarque en el Paraíso, cuando estreche su mano, Él, probablemente, le tendrá reservada una sorpresa. Le mostrará lo que yo llamo «zonas increadas» y le dará el mando. Entonces, usted, y muchos más, se convertirán en Dioses Creadores de otros tantos y formidables universos.

¿Aburrirse? Lo dudo...

> Mar Rojo.
> La vida —esta vida— es sólo el comienzo de una larga y electrizante aventura.

NOMBRE	Francisco Ortiz Rodríguez
ORIGEN	Almería (España)

81 **¿De dónde venimos? ¿Qué somos antes de nacer? Si hemos sido sacados de la Nada, ¿qué es la Nada?**

Déjeme que pase al «otro lado» y, quizá, me den autorización para responderle. Querido amigo: sólo soy un pobre mortal (de momento). Sólo puedo abrir la caja de los sueños e imaginar... E imagino que, antes de «ser», ya «éramos» en el AMOR del Padre. Después, llegado el momento, sólo tiene que guiñar un ojo y usted «aparece». En este caso, ningún ser —humano o espiritual— procede en realidad de la Nada, sino del Todo. Por eso somos sus hijos (físicos).

P.D.   La Nada existe, por supuesto, pero debe de ser el jardín de la casa del Padre. El jardín del Paraíso.

<   Posoltega, Nicaragua.
   Aparentemente somos muy poco. La realidad es otra: procedemos del TODO.
   Somos parte del TODO.

NOMBRE	Lucas María Cachas
ORIGEN	Madre de Dios (Chile)

 Tengo entendido que usted no cree en la reencarnación. ¿Por qué?

Digamos mejor que tengo dudas. Serias dudas.

La reencarnación —al estilo oriental— es un concepto humano. Una filosofía que, indudablemente, satisface algunas de las grandes preguntas. No todas. Pero la cuestión es: ¿estamos ante una realidad divina? ¿Es el Padre un Dios que se repite sistemáticamente? Observe la Naturaleza. ¿Hay dos rosas iguales? ¿Sabe usted de dos amaneceres idénticos? ¿Qué criatura es igual a otra? Entonces, si Dios no se repite jamás, ¿por qué iba a permitir que sus hijos mueran y nazcan una y otra vez?

No, estimado amigo, la muerte —para mí— es un suceso único. Sólo se muere una vez. Después, en el «otro lado», los sucesivos «cambios» no están sujetos a ese fenómeno de la muerte. Dios es imaginación. La reencarnación infravalora la mente divina. Una vez más, el hombre hace a Dios «a su imagen y semejanza».

170

Podemos acusar a Dios de lo que queramos, excepto de ser aburrido.
No sé cómo lo hace, pero jamás se repite.
Ni siquiera un rayo de luz es igual a otro.

| NOMBRE | Carlos María Mayab |
| ORIGEN | Quintana Roo, (México) |

83 **Si Dios es imaginación, ¿por qué las misas son tan aburridas?**

¿Cree usted que Dios tiene algo que ver con la misa?

Voy a ser muy sincero, aunque lo digo con respeto: no creo que Jesús de Nazaret fundara ninguna iglesia. Eso fue otro invento humano. No estoy diciendo que la iglesia sea algo negativo. Simplemente, que no tiene nada que ver con lo que dijo e hizo el Maestro. Dios, estimado amigo, jamás excluye. Si es el Gran Tolerante, ¿por qué iba a cometer la torpeza de montar una institución —la única— que representase sus intereses? Más aún: ¿cree usted que un Dios Creador como Jesús de Nazaret podía caer en el error de establecer una fórmula mágico-matemática como la Eucaristía? Una vez más, sus palabras fueron tergiversadas. La auténtica comunión con el Padre no está sujeta a dogmas ni disposiciones de unos pocos. Eso sería reducir al Jefe a un tetrabrik...

< Santo Sepulcro, Jerusalén.
Jesús de Nazaret no vino a fundar una iglesia.
Sus objetivos fueron otros y mucho más importantes.

| NOMBRE | Laura del Mar Castaldi |
| ORIGEN | Santiago (Chile) |

84 **¿Cree que Dios tiene un laboratorio en el que ensaya la Creación?**

No me extrañaría...

Dios es el «motor», la «central eléctrica» que mantiene viva la Creación. Pero no es tonto y conoce la enorme satisfacción que significa delegar. Estoy seguro de que otras criaturas «ensayan» previamente lo que usted y yo contemplamos y disfrutamos cada día. Otras criaturas a su servicio. El Padre, no lo olvide, es un excelente «centrocampista»...

Dios no es un «hombre-gol». Prefiere repartir juego.

NOMBRE — *Boly Valdivia Soto*

ORIGEN — *Badajoz (España)*

85 *¿Usted reza? No sabía que el Anticristo rezase...*

Sí, eso dice la extrema derecha española. Dice que soy el Anticristo... Y me pregunto: ¿desde cuándo el Anticristo considera a Jesús de Nazaret como su Dios y Creador?

¿Rezar? Claro que lo hago, pero a mi manera. Yo entiendo la oración como un diálogo con el Padre. Una conversación entre amigos. No importa dónde o en qué circunstancias. Le pondré un ejemplo: a veces, cuando me levanto de madrugada, me siento en la cocina y me como un par de rodajas de melón. Pues bien, mientras saboreo la fruta, le digo: «¡Qué maravilla! ¿Cómo has podido imaginar y crear algo tan perfecto y dulce? Eres un tío estupendo...»

Así son mis oraciones.

<   Turín. Italia.
El buen Dios escucha siempre pero, sobre todo, a los que no le aburren.

NOMBRE	María de Dios Arauco
ORIGEN	Santa Cruz de la Sierra (Bolivia)

86 **¿Qué tiene más valor para Dios: no pisar una hormiga o convertir a un infiel?**

Siempre he creído que el Jefe —o su «gente»— construye grandes obras con algo tan pequeño e insignificante como los átomos. Por tanto, lo primero es lo pequeño. Mejor dicho, lo aparentemente pequeño.

Le contaré algo de lo que estoy convencido: cuando pasemos al «otro lado» comprenderemos por qué, en la memoria perpetua, ocupan un lugar destacado esos actos simples, casi banales, como respetar la vida de un insecto, hablar con las flores, solicitar perdón antes de cortar un árbol o permitir que las golondrinas aniden en el alero de nuestra casa...

Convertir a un infiel (?), querida amiga, puede ser importante. Para mí, en cambio, lo verdaderamente fascinante es su pregunta.

> Petra, Jordania.
> Las grandes obras nacen de un simple pensamiento.
> Al «otro lado» nos llevaremos eso: lo pequeño.

Kenya.
Ellos no lo saben pero —como todos— están condenados a ser felices.
Dios no impone condiciones. Dios regala.

NOMBRE	Adolfo Jesús Orozco
ORIGEN	Cuenca (Ecuador)

87 **¿Cree que los extraterrestres también van al limbo?**

Acepto que, entre los extraterrestres, puede haber gente distraída o despistada. En ese «limbo» sí creo. En el otro, en el de la Iglesia católica, en ese lugar al que dicen que van los niños que no han sido bautizados o que han muerto antes de alcanzar el uso de razón, francamente, no creo para nada. ¡Pobre Dios! Supongo que tiene que partirse de risa ante nuestras propuestas...

¿De verdad considera usted que el bautismo es clave para salvarse? ¿Salvarse de qué? ¡Somos inmortales! Jesús de Nazaret no se encarnó para redimirnos de nuestros pecados. Lo hizo para algo mucho más importante y sensato: para aclarar que somos hijos de «Ab-bā». Hijos de un Dios. Un Dios-AMOR. Para recordarnos, por tanto, que somos FÍSICAMENTE hermanos.

NOMBRE	*Iron Cholul*
ORIGEN	*Yucatán (México)*

88 **Si pudiera reducir a Dios a una fórmula, ¿cuál utilizaría?**

A = T x D.
Debo confesarle que la fórmula no es mía. Me la «sopló» el Jefe en un avión. Lo cuento en otro librito: *A 33 000 pies*.
Amor = Tengo porque Doy.
Si lo permite —ahora que está tan de moda—, me plagiaré a mí mismo. En la página 183 de dicha obra, Dios dice:
«Doy luz y tengo blanco, negro y gris. Doy fuerza y tengo admiración. Doy un soplo y tengo arte. Doy azul y tengo horizontes. Doy ausencia y tengo añoranza. Doy volumen y tengo alto, largo y ancho. Doy calor y tengo frío. Doy cuerda al ahora y tengo un después. Doy alas a la mar y tengo lluvia. Doy profundidad y tengo intensidad. Doy carbono y tengo diamante. Doy muerte y tengo vida. Doy vida y tengo más vida. Doy lo invisible y tengo lo visible. Doy inteligencia y tengo un nuevo Dios.»
¿Sabe usted de alguna otra fórmula que lo defina mejor?

> Filipinas.
> La ecuación de Dios (no practicada por el hombre): TENGO PORQUE DOY (AMOR = T x D).

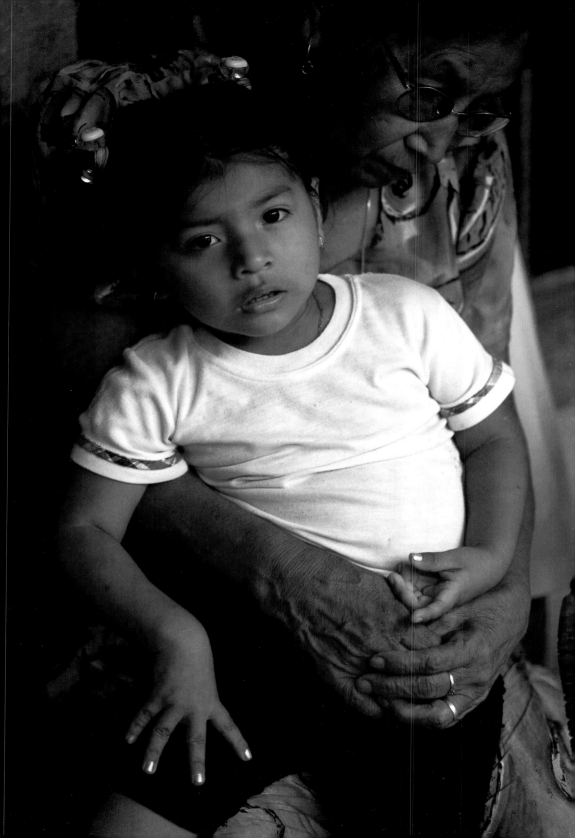

NOMBRE *Rufina Muiño*

ORIGEN *Vigo, Pontevedra (España)*

89 *¿Tuvo Dios niñez?*

Le responderé al estilo de su tierra: ¿tiene niñez un pensamiento? Ese «descubrimiento», como tantos otros, forma parte de la «aventura» que nos aguarda en la carrera hacia el Padre.

De todas formas, le adelantaré algo que resulta muy sospechoso: ¿por qué el Jefe se empeña en crear seres de carne y hueso? Seres con una infancia obligada... ¿Por qué se «cuela» en nosotros en forma de «chispa»? ¿No será que, justamente, somos su niñez?

Sí, lo ha adivinado: Dios es un tramposo...

< Reserva india de Sonora, México.
Si Dios no tuvo niñez, algo tendrá que hacer para comprender y disfrutar esa maravillosa etapa.

NOMBRE	Zoraida Beatriz Medina
ORIGEN	Salta (Argentina)

90 ¿Hay sexo después de la muerte?

Por lo que sé, e intuyo, querida amiga, me temo que no...

Si, como creo, la muerte sólo se prueba una vez, la reproducción, como tal, carece de sentido. ¡Somos inmortales!

En los mundos «MAT», y en esa larga carrera-aventura hacia la «casa del Padre», lo humano termina convirtiéndose en un vago recuerdo. Algo casi irreal. No olvide que su auténtica «forma» —de la que procede y a la que regresará— es la espiritual. El cuerpo, hoy, es sólo un «accidente». Eso sí, un bello «accidente»... VIVA, pues, en plenitud lo que Él le ha regalado. Al parecer, no tendrá otra oportunidad.

P.D.   En el *Caballo de Troya 6* y en *Al fin libre* encontrará más información sobre los mundos «MAT».

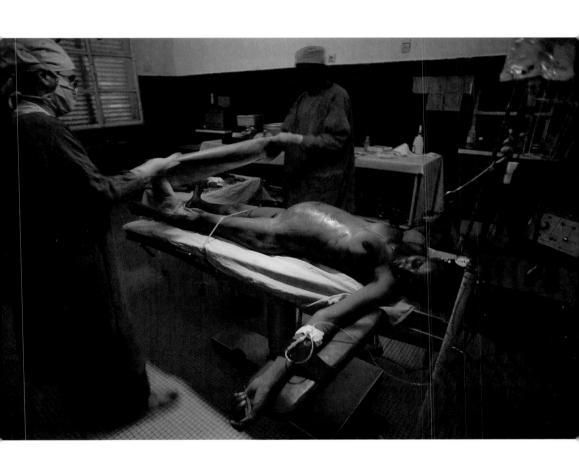

África central.
Los que repudian el sexo no saben —o no quieren saber— que la idea fue de Dios.

Pacífico sur.
Si el hombre supiera que vive en un «planeta-laboratorio», comprendería y admitiría que las aparentes aberraciones también son fruto del AMOR.

NOMBRE María del Carmen Acuña de los Ríos

ORIGEN San José (Costa Rica)

91 ¿Son los homosexuales un «despiste» de Dios?

Suelo decir, en broma (?), que Dios está un poco sordo (o lo parece). Pero ¿despistado? No, querida amiga...

Si así fuera, la mar sería amarilla, los pájaros volarían hacia atrás y el sol sería comestible...

Todo, en lo visible y en lo invisible, está minuciosa y amorosamente pensado y ejecutado. Si el Jefe —o su «gente»— es capaz de hacer geometría con un copo de nieve, hacer brotar amor de una mirada, proporcionar «anticongelante» a una chinche de Hawai o transmitir «electricidad» con las palabras, ¿por qué se iba a equivocar con los homosexuales? Ellos, querida amiga, son también fruto de su AMOR. No son una casualidad. Otra cuestión es que los humanos —más papistas que el Papa— tratemos de enmendar la plana al AMOR. Pero no se preocupe, el hombre es un «bebé»: ya aprenderá...

NOMBRE	José Luis Mora Molina
ORIGEN	Puertollano, Ciudad Real (España)

92 *¿Cómo se marca el número de Dios? Usted, en uno de sus libros, habla de ello...*

Queriendo.

Perdón, debería de haberlo escrito con mayúsculas: QUE-RIENDO.

Ése es el número secreto (?) del «móvil» o del «celular» del Padre. Y siempre tiene cobertura.

Sólo hay que QUERER. Incluso, aunque no QUIERA, también está al habla. «Milagros» de la «tecnología» divina...

Muro de las lamentaciones, Jerusalén.
Para hablar con Dios sólo hay que QUERER (AMAR). El lugar
y el «procedimiento» son lo de menos.

París.
La línea que separa luz de oscuridad es imperceptible. Basta un solo paso para comprender.

| | NOMBRE | Teresa de la Cruz Castillo |
| **?** | ORIGEN | Cartagena de Indias (Colombia) |

93 ***He pensado suicidarme. ¿Puede darme una razón para seguir viviendo?***

¿Una? Podría darle un millar... La más importante, sin embargo, no creo que esté *ahora* al alcance de su comprensión. La razón más importante es que el suicidio es un error. Y digo que *ahora* no está a su alcance porque, si en verdad lo ha pensado, si está decidida a llevarlo a cabo, usted está «a oscuras». Alguien o algo —quizá usted misma— ha apagado la luz de su mente. Sólo me atrevo a darle un pequeño consejo: si está decidida, hágalo, pero antes pulse el interruptor de la «luz»... ¿Cómo hacerlo? Sencillísimo: concédase una hora. Salga a la calle y espere. Él tomará su mano y le enseñará dónde está el «interruptor»... Mientras no encienda la «luz», el resto de esas mil razones no sirve para nada, mi querida, mi queridísima amiga...

94　**No sé leer ni escribir (esto me lo escribe el señor boticario). Usted habla con Dios. ¿Podría hacerle una pregunta en mi nombre? ¿Dios me quiere? Soy un campesino y sólo miro al cielo para saber si amenaza lluvia...**

Yo hablo con el Jefe exactamente igual que otras muchas personas. En realidad, todos pueden hacerlo. Y usted el primero. Es más: ni siquiera tiene que mirar en ninguna dirección...

En cuanto a su pregunta, el Padre no ha contestado... con palabras. La respuesta ha sido una sonrisa. Como usted sabe, una imagen vale por mil palabras...

República Dominicana.
Dios responde siempre. A veces con palabras, sí, pero lo suyo son las emociones.
Él pinta respuestas con la paleta de los sentimientos.

NOMBRE Alonso Jorge Tangarife

ORIGEN Bogotá (Colombia)

95 *Yo no tengo fe. Estoy vacío. No creo en los curas. ¿Cómo hago para encontrarla?*

No me gusta la palabra fe. Prefiero el término CONFIANZA. Fe, según la teología, es creer en lo que no se ve. Eso es absurdo. Usted, supongo, sí tiene confianza en sus hijos, en su mujer, en sus amigos, en la lealtad o en el trabajo. Pues bien, con eso es suficiente. No se atormente si cree que no ha «descubierto» a Dios. Él le saldrá al paso cuando menos lo imagine. De hecho, si la idea le preocupa, es que ya lo ha encontrado. Lo malo es que confunde los términos. Hallar o descubrir al Jefe no significa pertenecer a ninguna iglesia o religión. Si confía en el amor, en la honradez, en la generosidad, en las personas, usted ya ha tomado el tren de Dios. Confíe en su pensamiento e intuición, aunque no coincidan con lo establecido oficialmente. Las iglesias, querido amigo, han descafeinado la CONFIANZA en Dios. La fe no es un don o un regalo de los cielos. Se lleva siempre dentro, al igual que el resto de los sentimientos. Haga inventario y comprobará que la CONFIANZA siempre estuvo ahí, en silencio.

< Algún lugar de África.
La intuición es más certera que las religiones.

NOMBRE   *Rocío del Mar Barquet*

ORIGEN   *Oruro (Bolivia)*

96 *¿Se puede ser racionalista y tener fe?*

No sólo se puede, sino que se debe... Dios nos ha dado la inteligencia para reflexionar, deducir y prosperar. La fe del carbonero está bien, pero no es deseable. Dios no es analizable desde la razón humana, pero, al menos, es saludable y muy recomendable que usted lo «desguace» y examine en la medida de sus posibilidades mentales. Que usted «sienta» a Dios no quiere decir que no intente racionalizarlo. Pero, ¡ojo!, no caiga en las trampas de la ciencia. Al menos en las de la ciencia ciega y dogmática. Ese nuevo «diosecillo» —que afirma o niega inquisitorialmente— debe ser ignorado. La ciencia auténtica duda, nunca rechaza. Huya de los cantos de sirena de esos supuestos científicos que niegan a Dios porque no pueden llevarlo al laboratorio. Tampoco son capaces de explicar la belleza, el amor o la envidia y, sin embargo, están ahí...

Venecia. Italia.
El hombre nunca podrá demostrar la existencia de Dios. Pero está ahí...

199

Algún lugar del África olvidada.
Mi Dios favorito sólo reclama AMOR y curiosidad.

97 **En su libro** Mágica fe, **usted habla de un «club». ¿En qué consiste? ¿Cuánto se paga?**

Es un «club» invisible. Sin cuotas. Sin estatutos. Sin normas...
Para pertenecer a él sólo se necesita una condición: curiosidad.
Si a usted le interesa el Jefe —desde cualquier punto de vista—,
ya es socio del club de la «Mágica fe»... Por cierto: somos miles.

NOMBRE	Mauricio Alberto Cuevas Olguín
ORIGEN	Palenque, Yucatán (México)

98 *Usted se ha hecho millonario hablando de Dios. Usted es un caradura...*

Le responderé con la misma sinceridad.

Lo que pueda tener —poco o mucho— es consecuencia de la generosidad de la Providencia y de mi trabajo (por ese orden). Y entiendo que de lo único que debe avergonzarse un ser humano no es de lo que posea, sino de cómo lo ha obtenido. Si usted encuentra un solo engaño o fraude en mis escritos, por favor, dígamelo. Otra cuestión es que no esté de acuerdo con mis ideas o deducciones.

P.D. Las iglesias —todas— son multinacionales que, en definitiva, sacan a la «reventa» lo que es de usted por legítimo patrimonio. Yo, en cambio, no «vendo» nada. ¡Dios me libre! Sólo invito a dudar...

Ciudad del Vaticano.
Las iglesias —todas— son multinacionales del poder y del dinero.
Dios es la excusa perfecta.

Desierto de Libia.
Dios es un tramposo. Deposita la insatisfacción en el corazón humano y espera...

NOMBRE	Rufina Moreno Ceballos
ORIGEN	Dos Hermanas, Sevilla (España)

99 ***Mi alma tiene sed de Dios, del Dios vivo... ¿Por qué?***

Gran pregunta, amiga...

En el fondo está planteando la clave de la existencia humana, lo que nos distingue del resto de la Creación. Usted tiene sed de Dios porque procede de Él. El Padre es tan astuto y amoroso que, al imaginarla, le inyecta una dosis letal de insatisfacción. Quizá no se haya dado cuenta pero Él, intencionadamente, ha dejado «olvidado» en su corazón un poderoso «imán». Y ese «imán» (la «chispa») vuelve loca a la brújula de su alma. Pero siempre, siempre, termina orientándola al único Norte: el del Paraíso.

No se haga ilusiones. Nada en este mundo conseguirá aplacar esa maravillosa y benéfica «sed». Ni el poder, ni el dinero, ni los placeres...

¿Un «remedio»? «Beber»... «Beber» sin cesar en su interior. Él es el «agua viva» que mencionó mi «Socio», Jesús de Nazaret.

	NOMBRE	Erick Alejandro Sánchez
	ORIGEN	Muñio (Guatemala)

 **¿Es usted un hombre bendecido por Dios? Si es así, ¿por qué no funda una iglesia? Tendría millones de fieles.**

Déjeme que me ría. Más de uno —se lo aseguro— me lo ha propuesto. Mi editor, José Manuel Lara, el primero...

Pero no; duerma usted tranquilo. Jamás caeré en esa tentación. Mi papel es otro...

Yo no he venido al mundo para conseguir «fieles», sino para «refrescar» la memoria...

Y otra cosa importante: como tantos otros, sólo soy un «instrumento». No fije su atención en la llave «inglesa». Repare mejor en Quién la maneja.

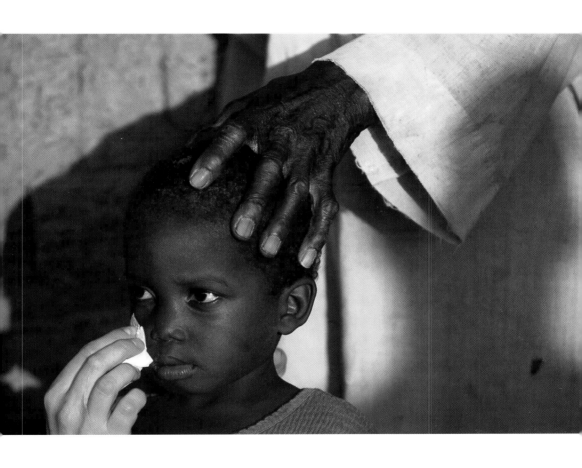

Mali.
Por encima del mensajero hay siempre una mano que protege y conduce.

Al final, a pesar de las apariencias, está siempre la belleza, el orden
y el AMOR de mi Dios favorito. La mejor garantía de un futuro espléndido.